20 Centimes. — Paris, rue Navarin, 2 1851 Gravures par les meilleurs Artistes.

LES GRANDS COUPABLES.

CINQ-MARS

OU

UNE CONSPIRATION SOUS LOUIS XIII.

I.

Richelieu et ses chats. — Louis XIII et ses favoris. — Cinq-Mars et Marion Delorme. — Les de Thou et les d'Épernon. — Le siége de Perpignan et les conférences de la rue Dauphine. — Fontrailles à Madrid.

C'est un acte de courage dont la témérité égale peut-être celle qui perdit Cinq-Mars, que d'aborder, après tant d'écrivains illustres, les temps vraiment épiques de Louis XIII et de Richelieu. Il est si facile de succomber dans une pareille lutte, que nous nous hâtons de décliner une responsabilité pareille, en avertissant le lecteur qu'il s'agit ici d'histoire et rien que d'histoire, et que nous respecterons constamment les frontières du domaine poétique, dont M. de Vigny a reçu si glorieusement l'investiture.

Richelieu et ses chats.

Il ne s'agira donc point ici de ce gigantesque Richelieu, avec lequel nous ont familiarisés le roman et le théâtre, mais de ce cardinal-ministre, profondément habile, étrangement mesquin, grand par ses actes et restreint dans ses pensées, qui décima et ruina des partis entiers l'un après l'autre, sans avoir conçu d'autre dessein politique que celui de se défaire un à un de ses rivaux et de gouverner son maître, but auquel se rapportèrent bien plus, en réalité, ses calculs et ses actions, qu'à celui de gouverner la France.

Un écrivain du temps de Louis XIV a caractérisé d'un mot le règne de Louis XIII : « Ce fut, dit-il, un duel entre le monarque et son conseiller, duel acharné, dont, après des chances diverses, tous deux moururent. »

Ils n'en moururent pas seuls : le règne de Richelieu, sous le nom de Louis XIII, a coûté à la France presque autant de sang qu'une guerre d'indépendance ou qu'une révolution. Il y a une similitude frappante entre les fureurs du duc d'Albe contre la Hollande, et les vengeances de Richelieu, couvertes soit du bouclier de la guerre, soit du manteau de la justice et de la religion. En apparence, ce fut tantôt une épée, tantôt une hache; en réalité, ce fut toujours un poignard que mania Richelieu.

Il y a une autre illusion dans laquelle on tombe aujourd'hui, sous l'influence des merveilles littéraires échafaudées autour des figures du siècle de Louis XIII, par nos poètes

 Paris. — Imp. Blondeau, rue du Petit-Carreau, 32.

contemporains. Cinq-Mars et de Thou furent d'innocentes victimes de leur héroïsme. De généreux sentiments les poussèrent à renverser un tyran, comme Charlotte Corday à ensanglanter la baignoire de Marat.

Nous le croyons, il y avait de l'héroïsme dans leur affaire; mais déifier l'homme, c'est nier l'homme. Cinq-Mars et de Thou furent principalement les victimes de leur ambition.

Qu'on ne l'oublie pas, c'est simplement ici le criminaliste, et, pour ainsi dire, le *phrénologue judiciaire*, qui parle. Nous avons cherché l'homme sous le fard de l'acteur d'une grande scène; nous avons palpé de sangfroid des têtes illustres : c'était notre mission, à nous réalistes.

Car, c'est un procès, rien qu'un procès que nous réinstruisons aujourd'hui.

Si le poétisme y perd quelque chose, nous espérons que l'intérêt n'y aura rien perdu.

Le cardinal de Richelieu aimait les chats et détestait les humains, n'exceptant de cette proscription que les belles dames, pas trop sévères, avec lesquelles il aimait à se délasser du poids de sa robe de prêtre et de son portefeuille de secrétaire d'État.

Un philosophe allemand n'eût pas manqué de lui appliquer certaine formule connue, et de dire que Richelieu aimait le chat, *à cause du chat qui était en lui!*

Le fait est qu'il avait avec cet animal perfide une affinité élective. Il tenait peut-être beaucoup plus à ses chats qu'au père Joseph lui-même, son âme damnée, son *alter ego* et, sans doute plus d'une fois, son inspirateur comme son secrétaire, dans ces circonstances délicates où les gens affligés de quelque scrupule se trouvent les gens les plus compromettants et les plus incapables du monde.

Mais malgré cette faveur, que Joseph devait sans doute à la conformité native de son caractère avec celui des chats, Richelieu les lui eut préférés certainement encore, n'était l'impossibilité où se trouvaient ces favoris griffus et patelins de prendre rôle dans des fourberies humaines (1).

Il prenait donc ses favoris dans l'espèce féline, payant ainsi sa dette à la nature, qui veut que le diable lui-même ait des amis; et, sachant bien par expérience que Louis XIII avait nécessairement aussi besoin de s'attacher quelqu'un, il cherchait à lui inspirer de l'amitié pour de nobles et braves cavaliers, afin de se mettre d'accord avec le père Caussin, confesseur du roi, qui ne permettait point à celui-ci d'attachement plus tendre; car mademoiselle de Lafayette ne fut tolérée qu'à de certaines conditions, et madame d'Hautefort fut éloignée du prince comme mademoiselle de Chemeraut, convaincues toutes les deux d'avoir inspiré à Louis XIII une affection un peu trop vive pour n'être pas, à l'ambition des favoris en soutane, une sérieuse pierre d'achopement.

Louis XIII se résigna, parce qu'il avait le plus grand vice qui puisse peut-être altérer le caractère d'un roi : il était faible, bien qu'à d'autres égards ce fût un homme éminent.

S'il était de notre ressort de peindre le caractère de ce souverain, après tant d'autres écrivains qui l'ont étudié et qui ont cru le bien connaître, nous dirions même, avec un de ses contemporains, qu'il a été calomnié par ses peintres. Louis XIII était d'une bravoure extraordinaire, de cette bravoure si rare qui affronte la mort comme les simples fatigues de la guerre : robustement et froidement! De plus sa piété, étroite comme son esprit, était toutefois profonde et sincère.

Quoi qu'il en soit, abstraction faite des circonstances qui présidèrent à son règne et des loisirs cruels que lui fit la prodigieuse activité de ses ministres, Louis XIII, avec ou sans Richelieu, n'aurait jamais été qu'un second Louis le Jeune, placé entre Louis XIV et Henri IV comme Louis VIII entre Philippe-Auguste et saint Louis. Cette remarque est de M. de Châteaubriand.

Richelieu chercha des favoris pour Louis XIII, sentant bien qu'il ne pourrait constamment jouer ce rôle, à cause de l'antipathie native du roi contre lui, et qu'en lui tenant prêtes des amitiés de rechange, il se mettait soi-même à l'abri des inconstances de la faveur.

Il va sans dire que le cardinal les choisit constamment parmi les hommes assez aimables pour plaire, mais assez subordonnés à lui-même en talents pour ne point devenir ses rivaux en grandeur : mais c'était-là un jeu dangereux, et qui faillit plus d'une fois le perdre.

L'un de ces heureux, introduits dans les petits appartements par le cardinal lui-même, ne rêva pas moins que de l'assassiner.

Nous avons nommé Cinq-Mars.

Comment le fils du marquis d'Effiat, Chilli, Longjumeau, Cinq-Mars et autres lieux, conçut-il un projet si hardi, dans un temps où la police se recrutait dans les régions les plus hautes, et où le puissant ministre n'avait pas moins d'oreilles et d'yeux partout que plus tard les Sartines, les Fouché et les Carlier? A cette question la réponse est facile : jamais la conspiration ne fut plus à la mode qu'alors. L'humeur de cette noblesse, si cruellement maltraitée par le jaloux cardinal, n'était pas moins *conspiratrice* que duelliste, s'il est permis d'employer cette expression. De plus, si Cinq-Mars eut des chances sérieuses de succès, il le dut à son imprudence et à sa témérité même : *audaces fortuna juvat*. L'adage pour être vieux n'en est pas moins vrai.

Quand Richelieu dépêcha Cinq-Mars à Louis XIII, il crut ne lui envoyer qu'un jeune homme de vingt ans, d'une taille avantageuse et bien prise, d'une grâce parfaite dans ses manières et son maintien, d'une figure charmante et d'un commerce enjoué et spirituel. Le cardinal avait par devers lui le moyen de le faire toujours, quand il voudrait, casser aux gages : le marquis de Cinq-Mars était très-libertin, et le roi n'aimait pas les libertins.

L'accueil de Louis XIII ne fut pas d'abord favorable à Cinq-Mars, mais Richelieu s'obstina et plaida si bien la cause de sa créature, que le roi, vaincu, admit Cinq-Mars dans sa plus grande intimité.

Le chemin du marquis fut rapide. A Mouzon, après la prise d'Hesdin, il fut gratifié par le prince d'une pension de quinze cents écus à prendre sur la cassette royale. Il reçut ensuite la charge de grand-écuyer de France, dont le roi avait décidé M. de Bellegarde à se démettre, en payant sa complaisance d'une gratification de cent mille écus.

Les jalousies commencèrent; mais c'étaient encore là des armes dont Richelieu comptait faire usage en cas de néces-

(1) Les annales judiciaires ont eu plus d'une fois à enregistrer des exemples de cette monomanie. Nous nous contenterons d'en emprunter un tout récent aux tribunaux napolitains, comme l'emportant de beaucoup, par les profondes dissertations dont il a été l'objet de la part des jurisconsultes, sur la scène si plaisamment imaginée par l'immortel auteur des *Plaideurs*.

La marquise Garafolini avait constitué par testament une rente alimentaire au profit de cinq chats qu'elle avait élevés et qu'elle affectionnait vivement. Ladite rente, qui était de 50 florins par an, était reversible sur la tête du dernier vivant.

Dans sa prévoyante sollicitude, la marquise avait confié l'exécution de ce legs à un ancien et fidèle serviteur. De ces légataires de nouvelle espèce, Miroufle, angora pur sang, demeura le dernier, et par conséquent eut à consommer annuellement la somme exorbitante pour un chat (sans passions possibles) de 50 florins.

Mais un jour Miroufle disparut, et les héritiers directs de la marquise, en ayant été informés, attaquèrent son représentant en restitution du capital affecté au service de la rente viagère, éteinte, selon eux, par la mort présumée du dernier survivant. Des pourparlers eurent d'abord lieu; mais les héritiers insistant sur leur prétention, on en vint à la menace d'un procès, et le papier timbré ne tarda pas à être échangé entre les parties.

L'avocat, ou conseil du domestique constitué exécuteur testamentaire en ce qui concerne ce legs bizarre, soutenait que la rente ne pouvait être éteinte par la disparition du légataire, que cette disparition pouvait n'être que momentanée, et que le seul fait de la possibilité du retour de Miroufle maintenait le legs jusqu'à la constatation de sa mort. Il faisait, en outre, pressentir le cas où les héritiers auraient pu attenter aux jours du donataire.

Cette question soulevait une grave difficulté, celle de juger en droit quelle est la longévité possible d'un chat. Cette solution devait, en outre, fixer le temps pendant lequel le substitué resterait dépositaire du capital. Le tribunal de Nola, jugeant en premier ressort, donna gain de cause à l'avocat du représentant des légataires à quatre pattes.

Les légataires de la marquise Garafolini ayant formé appel de cette sentence, la cause dut se représenter devant la juridiction du degré supérieur, qui confirma la sentence des premiers juges.

sité. Le maréchal de Brézé fut marri de cette élévation à une charge qu'il espérait pour lui-même. D'un autre côté, le cardinal était enchanté de savoir, par un jeune courtisan qui lui devait tout, les secrètes pensées du souverain.

Cette double confidence dura quelque temps. Le roi parlait, Cinq-Mars écoutait et se laissait aller à redire, Richelieu en faisait son profit.

Le premier valet de chambre du roi, le sieur La Chenaye, vit d'un mauvais œil la faveur de Cinq-Mars : ce fut le second ennemi sérieux du marquis, pour ne pas dire le troisième. La Chenaye affecta de répondre au roi, quand Louis XIII demandait Cinq-Mars, que Cinq-Mars était encore au lit.

Le fait est que le jeune marquis se couchait le plus souvent au jour, vu son penchant très-vif pour Marion de Lorme, qui lui faisait passer les nuits à la place Royale. Quand le roi était à Saint-Germain, le matin, le grand-écuyer rejoignait son maître en poste.

Cinq-Mars n'ignora point que le roi Louis XIII voyait son attachement pour une courtisane avec un vif déplaisir: mais trop entier dans ses sentiments pour les sacrifier l'un à l'autre, trop jeune pour les entourer de mystère, le jeune marquis se plaignait en particulier de la rigidité du prince, bien loin de s'amender ou de cacher mieux ses amours.

L'affection tendre de Louis XIII pour son favori l'emporta toutefois sur la perfide habileté de La Chenaye, qui fut chassé, et Richelieu parvint à raccommoder si bien le roi avec le marquis, que le *cher ami* (c'est ainsi que Louis XIII appelait Cinq-Mars) fut réintégré, sous promesse, toutefois, qu'il romprait avec Marion de Lorme.

Un mois après, l'amour avait repris tous ses droits, et Louis XIII, ne voulant pas mortifier Cinq-Mars par un éclat, eut la bonté de feindre une indisposition de quelques jours, pour donner à son ressentiment le temps de se calmer.

Cinq-Mars en profita, non pour prendre avec lui-même de plus sages résolutions, mais bien pour dire tout haut que l'amitié de son maître lui était un joug odieux et insupportable, qu'il perdait ainsi sa jeunesse dans l'oisiveté, et qu'il aimerait mille fois mieux courir la carrière des armes que de languir à l'ombre des lambris d'un palais.

On voit que l'ingratitude était entrée de bonne heure dans l'âme de ce jeune homme; l'on ne peut raisonnablement attribuer à une rigidité de Caton ce dégoût de la faveur royale, chez un gentilhomme qui avait fait fi d'une charge à lui offerte par le roi, parce qu'il la trouvait en disproportion avec son mérite (1).

La conduite de Cinq-Mars vis-à-vis du roi fut certainement plus coupable dans cette circonstance que la haine qu'il voua peu après au cardinal, dans l'occasion que voici :

Cinq-Mars souhaita d'épouser Marie de Gonzague, duchesse de Nevers, parti des plus brillants, à en juger par la royale main qui lui fut offerte, et que cette princesse accepta dans la suite. Il s'était épris de la belle Marie avec cette impétuosité qu'il mettait dans toutes choses, et saisit la première occasion pour lui déclarer son amour.

La princesse lui répondit fièrement que « tant qu'il n'aurait point de qualité qui le distinguât du commun des gentilshommes, elle ne pouvait, sans se déshonorer, songer à cette alliance; que, s'il était duc ou pair, elle aviserait à ce qu'elle croirait devoir. »

C'était dire à son amant : Soyez l'un et l'autre; pour prix d'un pareil triomphe, je vous garde mon cœur et ma main.

Cinq-Mars l'entendit de la sorte, et supplia le cardinal de l'aider à parvenir à ce haut rang, sans lequel il ne pouvait prétendre à la main de celle qu'il aimait. C'est alors que la faveur de Richelieu se retira brusquement de sa créature : il avait sans doute entrevu à quelles entreprises l'amour pouvait porter un homme à la fois aussi ardent, aussi ambitieux et aussi heureusement doué que ce jeune marquis d'Effiat, en qui il n'avait voulu voir jusqu'alors qu'un *prestolet*, mais qui marié à la duchesse de Nevers, et conservant la faveur du roi, devenait une puissance.... Il le mortifia le plus durement qu'il put, oubliant que lui, Richelieu, n'avait jamais pardonné à Anne d'Autriche les railleries par lesquelles elle avait répondu à son amour, et qu'humilier un homme épris, c'est se créer un ennemi implacable.

— Madame d'Effiat, ma mère, souhaiterait vivement cette alliance, disait Cinq-Mars.

— Si votre mère a jamais eu pareille idée, répondit Richelieu, votre mère est une folle, et si la princesse Marie y consent, elle est plus folle que votre mère. Souvenez-vous de l'état obscur d'où je vous ai tirés vous et les vôtres, et n'oubliez pas l'honneur que j'ai fait à votre mince noblesse en faisant épouser à votre frère une fille de la maison de Sourdis. Dites-moi un peu quels étaient vos titres personnels à votre élévation.

Cinq-Mars put à peine dissimuler en présence du cardinal la rage que cette leçon cruelle venait d'allumer dans son sein. « Les esprits qui l'agitaient, dit un historien du temps, l'enflèrent à ce point qu'à son retour chez lui tous les boutons de son pourpoint étaient arrachés. Le premier mouvement de honte auquel il se livra lui fit tourner son épée contre lui-même, le second mouvement fut d'en percer le sein du cardinal. »

C'est à ce dessein qu'il s'arrêta, et il ne cessa de poursuivre l'occasion d'une terrible vengeance.

Il est bon de savoir qu'en même temps la main de la princesse Marie de Gonzague était demandée par Monsieur, frère du roi.

Si les cardinaux de la trempe de Son Éminence Mgr Armand du Plessis ne croient pas en Dieu, le ministre de Louis XIII eût dû se souvenir au moins de la part que lui-même avait prise dans le meurtre de son premier protecteur, le maréchal d'Ancre, et trembler de la similitude de rôle qu'il créait entre Cinq-Mars et lui.

Mais Richelieu se croyait plus fort que les événements et plus prévoyant que le destin. Il n'y a, dit-on, que la foi qui sauve. La foi en lui-même le sauva de tout, la mort exceptée.

Cinq-Mars proposa d'abord à Tréville, à brûle-pourpoint, d'assassiner le cardinal. On voit qu'il n'y allait pas par quatre chemins.

— Je ne me suis jamais mêlé d'assassiner personne, répondit M. de Tréville, et c'est tout ce que je pourrais faire, si S. M. elle-même me témoignait qu'il y va du salut de l'État.

Cinq-Mars lui répliqua qu'il se faisait fort de lui faire avoir l'assentiment du roi là-dessus, et qu'il lui demandait sa parole sous cette condition.

Tréville eut le tort de la lui donner.

Alors Cinq-Mars demanda au roi si le cardinal *continuait* de lui être agréable auprès de sa personne.

Le mot était cruel. Le roi, qui était naturel, lui avoua qu'il serait bien aise de n'avoir plus ce mentor tyrannique et importun.

Tréville savait cela de reste : mais la réponse du roi ne lui semblait pas suffisamment explicite.

La cour étant à Melun, Cinq-Mars parla plus clairement au roi, qui lui répondit que cette proposition lui faisait horreur, et qu'il trouvait Cinq-Mars bien hardi de la lui faire.

Cinq-Mars cacha à Tréville la réponse du roi, et fit faire un poignard excellent, qu'il porta désormais sur lui pour en frapper dans l'occasion Richelieu.

Ce détail est rapporté par d'Artagnan, dans ses Mémoires, et confirmé par d'autres auteurs.

Les ennemis du cardinal ne tardèrent point à reconnaître un allié naturel dans la personne de Cinq-Mars, ou de *M. le Grand*, comme on avait accoutumé de l'appeler depuis son rapide chemin. Le comte de Soissons tenta l'ambition du favori en lui offrant la main de sa nièce, fille du duc de Longueville. En même temps il invoquait la raison d'État pour fortifier chez Cinq-Mars cet amer et douloureux sentiment, cette perpétuelle inquiétude que causait, à la féodalité française expirante, l'acharnement déployé contre elle par le cardinal. Il n'y avait plus de sécurité pour aucune tête aristocratique, et l'aristocratie était pourtant le meilleur soutien du trône. Aussi l'affection de tous les Français attachés aux intérêts du prince et de la nation serait acquise à celui qui se

(1) La charge de premier écuyer, qu'il avait refusée avant qu'on ne lui offrît celle de grand-écuyer de France.

dévouerait, comme Cinq-Mars, à une si juste cause, et ce serait là une récompense de beaucoup supérieure à la brillante union même qui lui était proposée. Ces motifs étaient spécieux et ces promesses bien séduisantes. Il n'en fallait pas tant pour tourner la tête d'un jeune courtisan plein de confiance dans ses propres talents.

Toutefois, Cinq-Mars hésitait encore, et un reste de défiance de soi l'aurait peut-être préservé de la catastrophe qui l'engloutit, — lui et ses complices, — sans les fatales circonstances qui l'enveloppèrent bientôt et le précipitèrent sur le chemin glissant des conspirations.

C'est ici le lieu de mettre M. de Thou en scène, jeune homme plus recommandable par ses mœurs et par ses études que le brillant marquis d'Effiat.

On sait de quel éclat magistral et littéraire le nom des de Thou rayonne dans nos annales. Le premier qui marqua dans l'histoire vivait sous Philippe de Valois, et avait nom Jean de Thou, sieur de Bignon. Tous les ascendants du personnage qui nous occupe furent attachés à la haute magistrature ou à la Bibliothèque du roi.

Le célèbre historien de Thou ne se doutait guère qu'en portant un jugement sévère, mais impartial, sur Antoine du Plessis, moine apostat qui joua un rôle dans la conjuration d'Amboise (1), il signait l'arrêt de mort de son propre fils, François-Augustin, devenu, par ce fait seul, l'objet de l'antipathie du neveu d'Antoine du Plessis, Armand du Plessis Richelieu.

« *De Thou le père a mis mon nom dans son histoire : je mettrai de Thou le fils dans la mienne.* » Tel est le mot attribué au cardinal-ministre, au sujet du jeune magistrat dont nous esquissons le portrait.

Outre ce grief contre les de Thou, Richelieu en avait un autre : leur alliance avec les d'Epernon et les liaisons intimes du jeune François de Thou avec le cardinal de La Valette le rangeaient au nombre des ennemis naturels de Richelieu.

Aussi le cardinal de La Valette demanda-t-il en vain la charge de conseiller d'état pour son jeune ami. *M. de Thou était trop jeune.*

Ce fut, d'ailleurs, le même argument qu'opposa Richelieu à l'entrée de Cinq-Mars au conseil, demandée par le roi lui-même.

— Je veux, disait Louis XIII, que *mon cher ami* s'instruise des affaires de mon conseil, pour devenir promptement capable de me rendre service.

Le cardinal se tut d'abord; mais en s'inclinant sans répondre, il eut son mauvais sourire, s'abstint de mettre sur le tapis aucune affaire sérieuse en présence du jeune d'Effiat, et déclara bientôt qu'il y allait de la dignité de la France et du roi, si des politiques aussi jeunes se mêlaient de traiter les plus hautes questions. Le roi se rendit aux remontrances de son mentor, et Cinq-Mars n'assista plus au conseil.

Cinq-Mars et de Thou, maltraités par Son Eminence, ne se tinrent pas pour battus. La révolte secrète de toutes les volontés contre celle de Richelieu devenait plus hardie et plus ouverte. Le roi grondait tout haut les créatures les plus approuvées du cardinal. Il était temps d'isoler le roi d'influences assez fortes pour le pousser à une lutte déclarée contre son ministre, qui n'aurait pas été le plus fort, vu le nombre et la rage de ses ennemis.

C'est alors que l'expédition de Perpignan fut conçue et entreprise. Il s'agissait de la conquête du Roussillon, et le roi devait à sa réputation de Bourbon et de chevalier français de commander les troupes en personne.

La prise de Perpignan ajouterait un brillant fleuron à la couronne et un nouveau lustre à la réputation militaire du prince qui la portait. De cette expédition dépendait la conservation de la Catalogne, si vivement disputée à la maison de France par la maison d'Autriche.... Tels furent les principaux arguments employés par Richelieu.

Malgré, donc, ordonnances de médecin, prières de ses courtisans, et surtout des ennemis du cardinal, qui voyaient leur échapper leur proie, le roi, malade et harassé avant l'âge, partit pour le Roussillon par les chaleurs brûlantes qui signalèrent l'an 1642.

Il y eut alors un rapprochement étroit entre Cinq-Mars et le duc de Bouillon. De Thou fut leur intermédiaire. On sait que le duc de Bouillon était l'un des chefs du parti mécontent, à la tête duquel s'était mis Gaston d'Orléans, frère du roi, et sa mère, Marie de Médicis.

Le commerce des hommes politiques, l'étude des allures machiavéliques du cardinal, qui ne fondait sur une proie qu'après l'avoir circonvenue et pour ainsi dire endormie, développaient chez Cinq-Mars une science stratégique dont il n'avait pas toujours senti la nécessité. Il remarqua, dans toutes les conspirations qui avaient été déjouées par Richelieu, deux vices fondamentaux : les conjurés n'avaient jamais eu de place importante qui pût leur servir de quartier-général et de retraite; ils n'avaient point concentré le pouvoir dirigeant dans les mains d'un chef unique. Cinq-Mars consentit donc par avance à n'être que le bras et à se mettre au service d'une tête plus forte que la sienne. Cette abnégation révèle une soif bien ardente du succès.

Sur ces entrefaites, Gaston d'Orléans profita des préparatifs de départ du roi pour le Midi, pour se retirer à Sédan avec les principaux mécontents, du nombre desquels était le comte de Soissons, qui, poussé à bout par Richelieu, venait de conclure un traité secret avec l'Espagne.

Les troupes royales marchèrent sur les révoltés, et furent battues par eux à la bataille de Marfée. C'est le maréchal de Châtillon qui commandait l'armée royale contre le comte de Soissons,

Chose étrange, le vainqueur, aussitôt après la bataille, tomba percé d'une balle partie d'une arme inconnue, et sa perte rendit la position des mécontents aussi critique que s'ils avaient été battus. On pensa avec raison que cette balle avait été fondue dans le cabinet du cardinal.

On traita. Richelieu et le duc de Bouillon se réconcilièrent en apparence, et celui-ci reçut bientôt un ordre précis de se rendre à Perpignan. Malgré sa rébellion, il fut reçu avec empressement par la cour, et avec faveur par Louis XIII. Ainsi se trouvaient réunis auprès du roi le duc, Cinq-Mars et de Thou, trois ennemis implacables de Richelieu.

De Thou prit un soin jaloux d'entretenir ces dispositions hostiles chez le duc, lui montrant la perfidie des caresses que lui faisait journellement le cardinal.

Aussi, quand le commandement en chef de l'armée d'Italie fut offert au duc, prit-il le premier prétexte venu pour ne point l'accepter.

Toutefois il céda, à la considération de l'état d'affaiblissement singulier dans lequel tombait de jour en jour le roi Louis XIII, et qui semblait présager sa fin prochaine. Dans le cas de la mort du roi, le duc se sentait plus fort contre Richelieu, à la tête d'une armée.

Au moment de s'éloigner de la cour, le duc se trouva en butte à deux sollicitations opposées : d'un côté, Richelieu lui dit, de la part du roi, que Sa Majesté avait oublié ses fautes passées, *mais qu'il prît bien garde de n'y point retomber, parce qu'il n'y aurait plus à espérer de pardon.* De l'autre, l'éloquence du jeune de Thou lui remontra quel allié puissant il allait perdre en Gaston d'Orléans, s'il faisait à Richelieu sa soumission définitive. C'est vers le parti de la rébellion que le duc se laissa de nouveau entraîner.

On remarquera que ce rôle d'instigateur subalterne a toujours perdu ceux qui s'y sont voués. Le jeune de Thou était le premier de sa race qui l'eût accepté. Et, pourtant, combien il lui eût été facile d'apprendre, par l'histoire même qui a fait à son père la réputation d'un Tacite français, que dans la catastrophe, conséquence ordinaire des conspirations même triomphantes, les rouages secondaires se trouvent invariablement brisés! Que n'avait-il suivi le sage conseil du duc d'Epernon, son plus sincère ami, quand il lui disait à Loches, en 1640 :

— « Mon cher de Thou, au nom de votre père, qui vous a laissé de si sages exemples et de si nobles leçons, au nom de

(1) Voici le passage incriminé : *Antonius Plessiacus Richelius, vulgo dictus monachus, quod eam vitam professus fuisset. Dein, voto ejurato, omni licentiæ ac libidinis genere contaminasse.*

l'amitié que je vous porte, et des liens de parenté qui nous unissent, départissez-vous promptement des habitudes et des engagements que vous avez dans la cour, pour vous attacher à quelque condition réglée dans la robe, dont vous avez embrassé la profession et que vos pères ont si dignement portée. Vous avez hérité pour cette carrière de qualités rares et de la science paternelle, et vous serez bientôt l'un des plus excellents hommes de cette condition. Quel avantage trouvez-vous à cette vie inquiète que vous menez depuis quelque temps? Croyez-moi, si votre goût pour les aventures l'emporte sur votre prudence, vous augmenterez le nombre des *illustres malheureux de notre temps!...* »

Prophétique parole!

Enfin Richelieu lui-même, nonobstant son aversion pour cette famille, aurait laissé de Thou suivre en paix la carrière austère et tranquille de la magistrature, s'il n'eût pas été dès l'abord inquiété par l'humeur remuante de ce jeune jurisconsulte; et de Thou en eût été quitte par quelques ennuis et quelques passe-droit.

Au lieu de cela, il vécut dans les antichambres des grands, prenant pour soi l'intérêt que les grands trouvaient au commerce d'un homme sans cesse à la piste des circonstances favorables à leurs desseins, ou propres à exalter leur ambition.

Nous sommes arrivés à ce moment où l'union des mécontents est plus intime que jamais. Ils se donnent des rendez-vous à Paris, rue Dauphine, dans les bâtiments des écuries de Monsieur. Les ducs d'Orléans et de Bouillon, de Thou, Cinq-Mars, d'Aubijoux, de Brion et Fontrailles assistent à ces conférences. Ils s'arrêtent à l'idée de chercher des auxiliaires contre Richelieu chez les Espagnols. On persuade à Gaston d'Orléans qu'il est plus habile de traiter en son seul nom avec l'Espagne, que de le faire au nom de tous les conjurés, afin de conserver sauve la faveur de Cinq-Mars, en cas de découverte du complot, et d'obtenir par lui, du roi, ce que Louis XIII ne manquerait pas de refuser à un homme compris dans la liste des rebelles. Fontrailles fut chargé de se rendre à Madrid.

Son voyage fut heureux, son absence ne fut point remarquée. Le duc d'Olivarès, qui était alors ministre souverain de la Péninsule, s'engagea vis-à-vis de Gaston pour des troupes et pour des subsides.

On se demandera seulement par quel concours de circonstances une démarche aussi importante et aussi hardie put échapper aux espions de Richelieu.

Elle ne leur échappa point.

Le nonce du pape en Espagne manda à S. Em. « qu'un « certain Français était arrivé depuis peu à Madrid, qu'on « l'avait vu trois jours durant attendre une audience du duc « d'Olivarès, et que cette audience, difficilement obtenue, « avait été suivie de plusieurs autres fort longues. »

Le nonce du pape avait un moyen bien simple de désigner Fontrailles, à supposer qu'il ne pût savoir son véritable nom: il n'avait qu'à dire que ce gentilhomme était bossu comme Esope. Mais il est vraisemblable que Richelieu suppléa au vague de cette information par d'autres plus précises. D'ailleurs, habitué à lire dans les yeux de Louis XIII tout ce qui se passait dans cette âme impressionable et facilement accablée par les moindres préoccupations, il put se convaincre que d'épais nuages planaient sur l'esprit du monarque, et il le trouva si froid, si réservé à son égard, qu'il ne le perdit plus de vue.

Il suivait le roi pas à pas, couchait sous le même toit, entrait chez lui deux fois par jour, le couvait des yeux et de la pensée, et plus d'une fois, dit un chroniqueur, il lui arriva, malgré toute sa prudence, de froisser bruyamment des papiers qu'il tenait, en considérant l'air impassible et glacé dont son maître affectait de le payer en toute rencontre.

On était à Briare, où la cour en voyage séjourna quelque temps. Cinq-Mars voyait Richelieu tous les jours et se rencontrait souvent seul à seul avec lui. Il n'eut point le triste courage de l'assassiner, quoique souvent il en fût question et que le poignard destiné à Son Eminence ne quittât point la ceinture du marquis.

A Narbonne, Cinq-Mars fut rejoint par Fontrailles, et le cardinal tomba dangereusement malade

C'est ce qui lui sauva la vie. Cinq-Mars abandonna le dessein de poignarder lâchement un moribond, et s'en remit à la nature du soin de le dépêcher dans le tombeau.

Mais en même temps certains propos empreints d'une dédaigneuse outrecuidance, tenus par le favori, furent rapportés officieusement à Richelieu, qui en fit part à Louis XIII. Il en résulta une certaine froideur entre le prince et le jeune courtisan.

On peut juger par l'anecdote suivante du point fatal auquel les relations, jadis si intimes, du courtisan et du prince étaient peu à peu arrivées

Au siége de Perpignan, l'illustre maréchal Fabert rendait compte, chaque matin, au roi, de ses opérations. Un jour Cinq-Mars osa critiquer certaines mesures prises par Fabert.

— « Vous avez passé sans doute la nuit à la tranchée, dit Louis XIII, pour en parler si savamment? »

— « Sire, vous savez le contraire. »

— « Allez, répliqua Louis, *vous m'êtes insupportable*. Vous voulez qu'on croie que vous partagez avec moi le fardeau des affaires, — vous passez vos nuits dans ma garde-robe à lire l'Arioste avec mes valets de chambre. Allez, orgueilleux! *Il y a six mois que je vous vomis.* »

Enfin, pour achever de confondre Cinq-Mars, le sort voulut que, contrairement aux conventions verbales de la rue Dauphine, le nom du duc de Bouillon et celui de Cinq-Mars fussent consignés en toutes lettres dans le traité avec l'Espagne, dont Fontrailles montra à ce dernier une copie qu'il avait gardée et qu'il portait sur lui jusque dans les appartements du cardinal.

Voici la substance de ce traité :

Sa Majesté catholique s'engageait, à fournir 400,000 écus pour livrer des troupes en France,

120,000 écus de pension à *Monsieur*,

40,000 écus au duc de Bouillon,

40,000 écus à Cinq-Mars.

Elle s'engageait en outre à munir la place de Sédan et à en solder la garnison.

Ce traité porte la date du 13 mars 1642.

II.

Maladie de Richelieu. — Le complot découvert. — Arrestations. — Popularité des accusés. — Les scrupules de conscience du cardinal — M. de Miromesnil, le chancelier Séguier et le sieur de Laubardemont. — Détails inédits sur le procès et la mort de Cinq-Mars et de Thou.

La maladie avait couché le cardinal à Narbonne; le roi était devant Perpignan. Séparés, ces deux hommes pouvaient ne se jamais revoir, pour peu que les mécontents fissent diligence, et que les séditions fomentées dans l'armée royale avec l'argent de l'Espagne éclatassent sans retard.

Mais Cinq-Mars était découragé; mais le duc Gaston, en se présentant aux portes de Sédan, les trouva fermées, n'ayant pas l'ordre signé du duc de Bouillon sans lequel personne, d'après les conventions de la rue Dauphine, ne pouvait entrer dans la place. Ces contretemps firent avorter la conjuration.

Richelieu, qui luttait contre l'immobilité forcée de son corps, par l'activité désespérée et désespérante de son esprit, manda au roi que des affaires d'un intérêt souverain le réclamaient à Narbonne. Le roi ne se rendit point à cet avis. Richelieu trembla.

Il crut qu'il n'avait plus qu'à se retirer des affaires ou, du moins, à feindre une retraite définitive, pour provoquer un dénouement. Il se fit porter à Beaucaire, et envoya à Paris l'ordre de lui expédier sur le champ son argent et ses pierreries. En même temps Louis XIII recevait un lettre touchante de son ministre, qui le suppliait de trouver bon qu'après avoir détruit sa santé et ruiné ses forces au service de l'Etat, il goûtât quelque repos et essayât de se rétablir, à supposer qu'il n'eût pas qu'à se préparer à sa dernière heure.

Les conjurés crurent leur ennemi mort, et les voix s'élevèrent, et les communications réciproques perdirent toute prudence et toute retenue. Richelieu, moins mort qu'il ne voulait bien le paraître, se taisait, regardait et écoutait. Fontrailles, doué de la perspicacité fine et spirituelle que l'on est convenu d'attribuer aux bossus, ouvrit alors un exellent avis : il conseilla à Cinq-Mars d'aller respirer l'air salubre des Pyrénées par de-là la frontière de France, et lui promit que le roi et le cardinal, tous deux malades et presque à l'extrémité, ne le laisseraient point longtemps en exil; Fontrailles joignit l'exemple au précepte en faisant ses préparatifs de départ.

Singuliers préparatifs ! pour ôter jusqu'à l'idée du motif de prudence qui le bannissait du territoire, il feignit d'avoir un duel avec un officier, et de passer à l'étranger pour se soustraire aux rigueurs des ordonnances d'alors contre le duel.

Quelques jours après Son Eminence le cardinal de Richelieu recevait à Tarascon toutes les pièces à conviction, à commencer par une copie du traité conclu par le duc d'Orléans avec le duc d'Olivarès. Qui lui procura ces pièces? Personne ne l'a jamais su positivement, quoique le futur successeur de Richelieu, le jeune Mazarin, soit soupçonné d'avoir fait en cette occasion ses premières armes dans l'art des négociations souterraines.

Le roi fut instruit de cette communication; il en fut d'abord si troublé, que ne sachant quel parti prendre, il se jeta aux pieds du crucifix de son prie-Dieu, et médita longtemps avec prières et avec larmes.

Puis il se releva. Son parti était pris. Le procès, sinon la perte de Cinq-Mars et de ses complices, était décidé.

Il donna rendez-vous à Richelieu à Narbonne. A peine arrivé dans cette ville, il remit lui-même à M. de Chavigny l'ordre de faire fermer les portes et de s'emparer de M. de Thou. Le comte de Charrost fut chargé d'arrêter Cinq-Mars.

L'officier qui porta la main sur de Thou, en usa civilement, car il lui permit de brûler des lettres. Cinq-Mars, averti à temps, prit la fuite; mais trouvant les portes fermées, il se cacha chez un parfumeur et y fut découvert au bout de vingt-quatre heures.

Le duc de Bouillon fut arrêté à Cazal, par les soins d'un valet de chambre du cardinal, dépêché exprès en poste avec des ordres, et qui avait nom Saladin. Le duc fut appréhendé au corps dans un grenier à fourrage, où il s'était brusquement jeté, en apprenant sa disgrâce de la bouche même du gouverneur de Cazal. Quant à Monsieur, frère du roi, il fut tenu quitte, à la condition qu'il se retirerait sur-le-champ à Annecy en Savoie, et qu'il se contenterait d'y manger deux cent mille livres de rentes.

On a dit que le duc d'Orléans avait eu la faiblesse de faire sa soumission au cardinal, lorsqu'il pouvait à merveille protester simplement de son attachement inviolable pour le roi son frère, et attendre à Sédan, que le cardinal mourût ou tombât dans une défaveur alors facile à déterminer. Le duc d'Orléans fit plus mal encore : il fut le principal témoin à charge de ses complices, quand il pouvait les couvrir de son inviolabilité.

La débilité de corps du cardinal détermina le roi à le joindre à Tarascon. Il le trouva agonisant, et ils mêlèrent des larmes que la lassitude arrachait au ministre, et que la compassion faisait verser au souverain.

Après cette entrevue, Richelieu se fit porter à Lyon dans sa fameuse chambre de bois couverte de damas rouge, et que ses gardes ne voulurent point confier à d'autres épaules que les leurs. C'était un étrange et majestueux spectacle que de voir s'avancer, dans son lit de mort, ce vieillard triomphant, porté par dix-huit mousquetaires splendidement vêtus de cet uniforme rouge qui les avait fait surnommer dans le peuple, *le régiment des écrevisses*, et tenant tous, par respect, leur chapeau à la main.

On franchissait les villes et les ponts dans cet équipage, et quand une muraille ou des maisons tout entières y faisaient obstacle, on les faisait sauter par la mine et tomber sous la pioche, comme par enchantement.

C'est de cette manière extraordinaire que Richelieu mourant voyagea de Tarascon à Lyon et de Lyon à Paris. Rien peut-être, dans tout le cours de sa vie, n'imprima plus profondément dans l'esprit des peuples le sentiment de sa grandeur.

Cependant le chancelier Pierre Séguier instruisait le procès des accusés.

La première question fut de savoir si le duc d'Orléans serait confronté avec eux.

Les conseillers d'Etat, consultés sur cette question difficile, la résolurent négativement. Ils ajoutèrent que, toutefois, les déclarations d'un fils de France pouvaient être provoquées et recueillies, sans que la confrontation eut lieu.

Voici les noms des commissaires qui furent chargés par la chancellerie de dresser l'acte d'accusation :

Jean Martin de Laubardemont, rapporteur. Ce nom tristement célèbre est à lui seul un outrage à la magistrature française, heureusement si rayonnante et si pure, d'ailleurs, par le concours de tant de noms illustres dont elle est parée à l'admiration de tous les siècles. On a dit que ce Laubardemont avait vendu sa conscience au cardinal; il était un de ses espions et un de ses affidés. Il joua le premier rôle dans une affaire non moins célèbre : celle d'Urbain Grandier;

Diel, sieur de Miromesnil (de Paris), conseiller d'Etat, le seul qui ait osé conclure à l'acquittement de de Thou, dont la complicité n'était que morale et impossible à établir juridiquement;

Pierre Marca, président au parlement de Navarre;
Bochart de Champigny, conseiller d'Etat;
Henry de la Guette, sieur de Chasé;
De Sève, sieur de Chatignonville;
De Chaulme, maître des requêtes;
Frère, premier président au parlement de Grenoble;
De Simiane, président au même parlement;
De Santerau, conseiller au même parlement;
Bermont, idem.
Ponat, idem.
Dufaure de la Rivière, idem.
Beatrix Robert, sieur de Saint Germain, idem.
Jeuffrey, idem.
La Baulme, idem.

Dufaure de la Colombinière, procureur-général au parlement de Grenoble, fut procureur-général de la commission.

On ne peut pas dire qu'il y eut un greffier nommé dans la commission, puisque trois greffiers remplirent tour à tour cet office.

Quant à la présence d'un chancelier dans une pareille commission, elle est contraire à toutes les règles. C'est l'opinion de Pasquier et de Dupuy. Jamais, disent-ils, les chanceliers de France n'ont présidé les commissions extraordinaires pour faire un procès criminel à qui que ce soit, mais seulement quand le parlement est saisi.

Mais la volonté du cardinal était au-dessus de toute loi et de tout droit.

Le premier embarras du chancelier fut de trouver des charges suffisantes contre de Thou. Le cardinal en fut instruit.

— *M. le chancelier a beau dire*, répondit Richelieu, *il faut que M. de Thou meure.*

Madame de Pontac, sœur de l'accusé, se distingua par la fermeté avec laquelle elle ne cessa de parler en faveur de son frère. Le cardinal avait défendu que l'on sollicitât pour lui. Il dépêcha Laubardemont à Cinq-Mars pour l'engager à déposer contre son ami. Les promesses et les artifices échouèrent d'abord contre la loyauté courageuse du jeune gentilhomme.

Mais on parvint à lui faire croire que de Thou n'avait point imité sa réserve : alors la colère lui arracha ce que l'on avait attendu vainement de la lâcheté.

La procédure achevée, le procureur-général requit que M. le Grand fût *declaré atteint et convaincu de crime de lèse-majesté, condamné à la peine capitale, et préalablement appliqué à la question pour déclaration de complices; et jusqu'à ce, le jugement du procès des sieurs* BOUILLON *et* DE THOU *serait sursis.*

En même temps Richelieu s'adressant successivement à chacun des juges en particulier, leur recommandait *la justice*, ce qui dans sa bouche signifiait la dernière sévérité. On a coutume de représenter dans l'histoire les hommes politiques tout d'une pièce, agissant sous l'empire de passions absolues, sans combats ni hésitations intérieures. La conscience du cardinal, réveillée par les approches de la mort, s'était fait entendre un moment, et il s'était informé auprès de son confesseur, le père Lescot, s'il pouvait en conscience adresser à des juges une semblable recommandation.

Le cordelier répondit qu'il le pouvait, en tant qu'il s'agissait de la sûreté de l'Etat et que le cardinal agissait en vue de cette sûreté et des intérêts du roi son maître. En thèse générale, cette décision pouvait être juste. Dans l'espèce, elle ne favorisait qu'une vengeance particulière : elle ne l'était point.

Le 12 septembre 1642, Cinq-Mars parut devant la commission pour déposer contre son ami.

Il s'approcha du chancelier et le somma tout bas de lui déclarer encore une fois si de Thou l'avait, oui ou non, chargé lui-même dans sa déposition.

Vraisemblablement la réponse du chancelier fut affirmative, car Cinq-Mars retourna à sa place et raconta la part que de Thou avait prise dans la conjuration.

Cinq-Mars signa sa déposition et fut emmené. De Thou lui succéda et il n'en put croire ses yeux, quand on lui montra la minute de l'interrogatoire de son ami.

La confrontation des deux accusés s'en suivit. Laubardemont et Séguier avaient trompé Cinq-Mars : de Thou n'avait jamais articulé un seul mot à la charge de son complice. On juge du coup de théâtre auquel cette mutuelle découverte donna lieu, scène muette mais terrible, à laquelle de Thou mit bravement fin, par quelques paroles empreintes d'une fermeté et d'une simplicité héroïques :

— « Messieurs, dit-il à ses juges, je vous dirai toute l'affaire en ce qui me concerne, autant peut-être et mieux que M. Cinq-Mars. Vous jugerez à mes paroles si je respecte la vérité ou si j'obéis à la pensée de vous disputer plus longtemps ma triste existence. »

Il dit alors qu'il avait reçu de Fontrailles communication du traité entre l'Espagne et le duc d'Orléans, mais qu'à compter de ce jour, et vu les termes dans lesquels le traité était conçu, il avait blâmé les conjurés de leur entreprise et n'avait gardé le silence sur leurs menées que par un sentiment d'honneur, après avoir épuisé les supplications et les remontrances pour les faire renoncer à leur dessein; que la considération du danger couru par l'Etat n'avait pu l'engager à se départir de sa réserve, attendu l'impossibilité où il voyait les mécontents de faire aucun fonds sérieux sur les promesses de l'Espagne.

Cinq-Mars reprit alors ses dépositions et leur donna la même portée que celles de son ami. On ne pouvait se défendre avec plus d'habileté ni de convenance que M. de Thou ne l'avait fait.

Dufaure de la Colombinière, procureur-général, n'en persista que davantage dans ses conclusions, qui ne frappaient de mort que Cinq-Mars, au moins jusqu'à nouvel ordre.

La plupart des juges parurent surpris de voir le procureur-général demeurer dans les mêmes dispositions, après l'aveu de M. de Thou et lorsque l'affaire avait changé de face. Ils lui faisaient signe des yeux et du geste, mais inutilement.

Le chancelier se leva alors, et traversant la chambre, vint dire à haute voix au procureur, qui demeura sur son siége avec indifférence jusqu'à ce que le chancelier fût tout près de lui :

— Eh bien, Monsieur, ne trouvez-vous pas qu'il y en ait à présent assez contre M. de Thou, sans appliquer M. Cinq-Mars à la question?

Dufaure répondit que s'il lui arrivait, contre sa conviction, de conclure à la mort pour M. de Thou, il doutait que son avis fût partagé par les juges.

— Prenez vos conclusions lui dit alors le chancelier Séguier ; *nous ferons le reste*.

Là-dessus, les deux magistrats eurent un contestation assez vive, après laquelle Séguier, reprenant sa place, fit asseoir les juges dans un certain ordre, « c'est-à-dire fort artificieusement, » dit l'un des historiens du procès.

Puis on recueillit leur avis.

Les quatorze premiers opinèrent *la mort des sieurs le Grand et de Thou*.

M. de Santerau, l'avant-dernier, demanda pour de Thou les galères à perpétuité.

Le dernier, M. de Miromesnil, demanda sa grâce.

On voit pourquoi le chancelier l'avait consulté le dernier : il craignait la contagion de l'exemple!

Richelieu était alors à quelques lieues de Lyon, où il était venu couver des yeux sa proie, d'assez près pour qu'elle ne pût lui échapper, d'assez loin pour ne pas essuyer, de la part du peuple, quelqu'un de ces tumultes menaçants auxquels on s'attendait d'un moment à l'autre, dans le cas où les accusés seraient condamnés.

Les sympathies populaires que Cinq-Mars et de Thou avaient excitées étaient universelles.

Les Lyonnais avaient vu avec une admiration mêlée de terreur passer l'*homme rouge* porté tout vivant dans sa chapelle ardente par les *diables rouges* qui composaient son escorte; mais quelle tendre pitié s'était attachée à la jeunesse, à la beauté, au malheur des deux prisonniers venus à sa suite!

On les avait enfermés à Pierre-Encise, vieille citadelle d'un aspect sombre et sauvage, perchée, comme une formidable sentinelle, sur les rochers à pic dont la rive droite de la Saône est bordée à l'entrée de Lyon.

L'intérêt et la curiosité publiques les avaient suivis dans le secret de ces tours sans fenêtres, et sans cesse des rassemblements se formaient au pied des rochers, pour chercher les silhouettes des prisonniers entre les créneaux des terrasses, à l'heure où le régime des prisons leur accordait un peu d'air et de liberté!

Que Cinq-Mars paraissait beau et digne de pitié, surtout aux femmes, quand à force de regarder en l'air, elles parvenaient à reconnaître le jeune gentilhomme à son pourpoint de dentelles, à ses larges manches bouffantes et brodées qui le couvraient du col à la ceinture, à ses vêtements de velours noir où s'allumaient au soleil des palmes et des paillettes d'argent! Un murmure significatif s'élevait alors dans la foule, et des propos menaçants circulaient de bouche en bouche, non contre les accusés, mais contre ceux qui les retenaient prisonniers.

Cinq-Mars répondait parfois à ces manifestations éloignées par un salut mélancolique. Alors les hourras éclataient, les sanglots coupaient la voix aux jeunes filles, et le geôlier accourait pour commander à Cinq-Mars de s'abstenir ou de rentrer.

On était au 12 septembre 1642. Le cardinal, qui allait mieux, mais qui pourtant ne quittait guère sa chaise longue, était occupé à écrire un mémoire très-curieux sur le procès de Cinq-Mars, dont le texte nous a été conservé par Gayot de Pitaval.

Ce mémoire commençait en ces termes :

« L'instruction du procès a été faite par M. le chancelier, qui s'est toujours fait assister de nombreux commissaires, partie de MM. les conseillers d'État, partie de MM. du parlement de Grenoble, *et l'on peut dire que jamais procédure n'a été mieux instruite*. »

Richelieu était fort agité, dans l'attente de la sentence qui devait être rendue ce jour-là.

En ce moment, Picaud, exempt, arriva dans la chambre de Son Eminence et lui remit une lettre de Séguier, écrite sur le bureau du tribunal, et annonçant l'issue de cette grande affaire.

A cette lecture Richelieu retomba sur son fauteuil, puis se souleva de nouveau en s'écriant : « *M. de Thou!... M. de Thou!... M. de Thou!...* »

Il se rassit, et, ayant passé ses mains sur ses tempes, il ajouta :

— « Mais, Picaud, ils n'ont pas de bourreau? »

En même temps les deux amis recevaient signification du jugement.

Le nommé Palerne, greffier criminel du présidial de Lyon, s'approcha et leur dit quelle mission il venait remplir. Les deux gentilshommes se mirent à genoux en se découvrant.

Palerne déploya alors son parchemin et lut :

« Entre le procureur-général du roi, demandeur en cas de « crime de lèse-majesté, d'une part,

« Et messire Henri Deffiat de Cinq-Mars, grand écuyer de France, et François-Auguste de Thou, conseiller du roi, prisonniers du Château de Pierre-Encise de Lyon, défendeurs et accusés, d'autre part;

Le P. Joseph était son secrétaire dans ces circonstances délicates, où les gens affligés de quelques scrupules sont les plus incapables du monde. (PAGE 2.)

« Vu le procès extraordinairement fait à la requête du procureur-général du roi, à l'encontre des sieurs Deffiat et de Thou, informations, interrogations, confessions, dénégations et confrontations, copie reconnue du traité avec l'Espagne, tout ce que le procureur-général du roi a produit et remis;

« Le sieur Deffiat ouï et interrogé en la chambre du conseil du présidial de Lyon, sur les cas à lui posés, sa déclaration, reconnaissance, confession et confrontation du sieur Deffiat au sieur De Thou;

« Le sieur De Thou pareillement ouï et interrogé en ladite chambre, conclusions du procureur-général du roi et tout considéré;

« Les commissaires députés par S. M. auxquels M. le chancelier a présidé, faisant droit sur les conclusions du procureur-général, ont déclaré les sieurs Deffiat et De Thou atteints et convaincus du crime de lèse-majesté, savoir :

« Le sieur Deffiat, pour les conspirations et entreprises, proditions, ligues et traités par lui faits avec les étrangers contre l'Etat.

« Le sieur De Thou, pour avoir eu connaissance et participation de conspiration, entreprises, proditions, ligues et traités.

« Pour réparation desquels crimes, les ont privés de leurs états, honneurs et dignités, les ont condamnés et condamnent à avoir la tête tranchée sur un échafaud, qui, pour cet effet sera dressé sur la place des Terreaux de cette ville; ont déclaré et déclarent tous et chacun leurs biens immeubles généralement quelconques, en quels lieux qu'ils soient situés, acquis et confisqués au roi, et ceux par eux tenus immédiatement de la couronne réunis au domaine d'icelle: sur iceux préalablement prise et levée la somme de 60,000 livres applicable à des œuvres pies;

« Et néanmoins ordonne que le sieur Deffiat, avant l'exécution, sera appliqué à la question ordinaire et extraordinaire, pour avoir plus ample révélation de ses complices.

« Ce 12 septembre 1642. »

A cette lecture, M. de Thou, qui s'attendait à la mort, s'écria, comme un homme pénétré d'une piété tendre et résignée :

— « Dieu soit béni! Dieu soit loué! »

Cinq-Mars se leva et dit :

— « La mort ne m'étonne point, mais j'avoue que l'infamie de la question me révolte, je crois que les lois en dispensent un homme de mon âge et de ma condition. La mort ne me fait point peur; mais je ne puis me résoudre à la question!... »

— « Eh bien, Monsieur, lui dit de Thou en souriant, humainement je pourrais me plaindre de vous : vous m'avez accusé, vous me faites mourir!... Mais Dieu sait combien je vous aime. Mourons, monsieur, mourons courageusement et gagnons le ciel. »

Ils s'embrassèrent l'un l'autre avec une grande tendresse, s'entredisant:

— « Puisque nous avons été si bons amis notre vie durant, ce nous sera une grande consolation de mourir ensemble. »

L'Écriture était familière au jeune magistrat. Il en fit un merveilleux usage en se préparant à la mort. Il avait salué l'arrivée de Palerne avec cette citation, poignante par l'application qu'il en faisait: « *Quam speciosi pedes evangelisantium pacem, evangelisantium bona* ! »

« Que beaux sont les pieds de ceux qui viennent nous annoncer la paix du Seigneur, et nous apprendre de bonnes nouvelles! »

Il ne cessa depuis ce moment de se fortifier et de s'exalter lui-même, comme d'édifier tous ceux qui étaient à portée de l'entendre, par des discours empreints de la foi la plus vive.

Ils demandèrent chacun un confesseur. Ce furent deux Jésuites, le père Malavalette et le père Montbrun.

Le premier mouvement de Cinq-Mars lui fit tourner son épée contre lui-même. (PAGE 3.)

Leurs gardes pleuraient en les quittant. Cinq-Mars les remercia et leur dit: « Chers amis, ne pleurez-point : les larmes sont inutiles, la mort ne me fit jamais peur »

De Thou les embrassa tous. Puis ces vieux soldats, ces barbes grises qui avaient fait le siége de La Rochelle, sortirent en fondant en larmes et se cachant le visage dans leurs manteaux.

Quand Laubardemont vint prendre Cinq-Mars pour le mener dans la chambre de la *gêne*, Cinq-Mars lui dit: — « Vous m'avez trompé. Vous en répondrez devant Dieu. »

Le condamné fut environ une demi-heure dans la chambre de la gêne, mais il ne la subit point. Il vit seulement les apprêts de l'estrapade, parceque, par un *retentium* de l'arrêt, il était dit qu'il ne serait que *présente à la question*.

Après s'être confessé, en priant le père Malavalette de témoigner au Roi et au Cardinal le regret qu'il avait de son crime, il prit un peu de pain et de vin et demanda du papier et de l'encre, pour faire ses adieux à sa mère.

« Madame, ma très-chère et très-honorée mère, je vous écris (puisqu'il ne m'est plus permis de vous voir), pour vous conjurer, madame, de me rendre deux marques de votre dernière bonté; l'une, en donnant à mon âme le plus de prières qu'il vous sera possible, et qui sera pour mon salut, l'autre, soit que vous obteniez du Roi le bien que j'ai employé dans ma charge de grand-écuyer, et ce que j'en pouvais avoir d'autre part, auparavant qu'il fut confisqué, soit que vous ayez assez de générosité pour satisfaire à mes créanciers.

« Tout ce qui dépend de la fortune est si peu de chose, que vous ne devez pas me refuser cette dernière supplication, que je vous fais pour le repos de mon âme...

« Adieu, madame, et me pardonnez, si je ne vous ai pas assez respectée au tems que j'ai vécu, et je vous assure que je meurs, ma très-chère et très-honorée mère, votre très-humble, et très-obéissant, et très-obligé fils et serviteur,

« H. D'EFFIAT. »

En même temps, de Thou recevait du père Montbrun les exhortations nécessaires, l'absolution de ses péchés.

Le cardinal couvait le roi des yeux et de la pensée, et plus d'une fois il lui arriva de froisser de colère les papiers qu'il tenait... (PAGE 5.

Tous deux passèrent leur dernière heure, Cinq-Mars dans une tranquilité courageuse et avec une fermeté si naturelle, qu'on eût pu, sans le funèbre appareil dont il était environné, le croire sur une paisible route, le cœur et l'esprit aux pensées les plus sereines; de Thou, dans les transports d'une dévotion impatiente d'en finir avec le songe passager de cette vie.

On ferait un chapitre de plus à l'*Imitation de Jésus-Christ* avec les choses dites par les deux condamnés dans cette situation solennelle, et qui nous ont été conservées par plusieurs témoins auriculaires.

Mais nous croyons nous renfermer davantage dans notre sujet, en rapportant ici dans son entier *la relation de ce qui s'est passé à l'exécution de MM. le Grand et de Thou*, écrite par un officier d'un des *pennonages* de Lyon (1).

Cette relation, si nos renseignements sont exacts, n'était pas connue de M. le comte de Vigny lorsqu'il composa son remarquable ouvrage.

« Le 12 septembre, sur une heure après midi, raconte cet officier, je me rendis au lieu qui m'avait été ordonné et fus logé à l'avenue de la place d'Armes (place des Terreaux), en laquelle nous fîmes un carré.

« Aussitôt on fit un ban par lequel défenses furent faites aux soldats de tirer, sur peine de la vie, et de quitter leur rang à peine de la prison.

« Quelque temps après, l'échaufaud fut dressé par des charpentiers, avec un poteau planté en terre, passant par dessus ledit échafaud, et au milieu d'icelui, derrière, un sommier d'un pied pour se mettre à genoux.

« *On ne croyait pas qu'autre que le sieur de Cinq-Mars fût exécuté*, et si bien fut amené M. de Thou. On estimait toutefois que ce ne fût que pour recoller et confronter.

« Mais à l'instant le bruit courut que tous deux étaient condamnés, et, en effet, longtemps après, nous les vîmes venir en carrosse, avec deux jésuites, et accompagnés des chevaliers du guet et du prévôt des maréchaux avec leurs archers.

« Et, comme j'étais empêché à garder l'avenue et garder qu'autres que les sieurs du guet et prévôt passassent, je ne pus ouïr les discours des condamnés, mais seulement considérer leur visage et contenance.

« Je remarquai en M. de Cinq-Mars un visage serein qui témoignait une grande tranquillité et qui semblait défier la mort. Pour M. de Thou, je jugeai qu'il proférait des paroles sur le sujet qu'il devait souffrir.

« J'ai ouï dire que par le chemin, il disait à M. de Cinq-Mars : « *Cette ignominie ne durera pas longtemps.* »

Et comme il aperçut de vue l'échafaud :

— « *C'est le chemin du Paradis!* »

« Le carosse étant au pied de l'échafaud, ledit sieur de Cinq-Mars descendit le premier, fit un compliment au prévôt et au greffier, lesquels aussitôt tournèrent la vue d'un autre côté.

« A l'instant les archers se voulurent saisir de son manteau et de son chapeau, duquel on dit que le cordon était garni de pierreries; il se fit rendre le chapeau auparavant que l'on eût loisir de s'emparer de son manteau.

« Après il monta hardiment sur l'échafaud, où il parut

(1) C'était le nom qu'on donnait alors aux divers détachements de a milice bourgeoise, composés chacun de cinq cents hommes et dont il y avait trente-cinq. *Pennonage* vient de pennon ou pannon *(pannus)* espèce d'enseigne.

semblable à un acteur qui, dans une tragédie, fait l'ouverture d'un théâtre, se tourna de côté et d'autre, fit une révérence, se mesura au poteau, consulta son confesseur sur la posture en laquelle il se devait tenir, bailla son manteau au confesseur, donna son chapeau pour l'apanage du bourreau.

« Il tira ensuite une boite de portrait toute couverte de diamants de grand prix, pria le confesseur de brûler le portrait, et, de l'argent de la boite, faire des œuvres de charité, ainsi que verrait bon être, et une bague qu'il bailla encore à son confesseur; dépouilla lui-même son pourpoint, ouvrit sa chemise, prit le crucifix qu'on lui présenta, pria très-dévotement, se réconcilia avec son confesseur, reçut l'absolution, se mit à genoux contre le poteau, fit signe au bourreau de se retirer quand il parut avec les ciseaux, les prit doucement de ses mains, coupa sa moustache, qu'il pria de brûler avec le portrait, puis les donna à son dit confesseur avec grâce, le priant de lui couper les cheveux.

« Ce qu'étant fait, dit son *in manus domini*, embrassa le poteau, mit sa tête dessus sans être bandé ni lié et, comme il attendait le coup qui ne venait point, leva la tête, par deux fois, pour appeler le bourreau.

« A la fin, *en deux coups*, la tête fut séparée du corps; le sang rejaillit en haut, la tête sauta en bas, où je considérai ses yeux ouverts, aussi beaux que lorsqu'ils étaient vivants.

« Le corps demeura en la même posture sur le poteau, sinon qu'il se baissa d'un demi-pied par sa pesanteur, les mains toujours jointes.

« Après, M. de Thou, qui était demeuré dans le carrosse avec son confesseur, monta sur l'échafaud, embrassa le bourreau, se mit à genoux et récita le psaume *credidi*, qui est fort beau et fort à propos pour ce qu'il allait souffrir. Après, tenant un crucifix dans ses mains, dit :

— « Mon Dieu, je vous adore en esprit; ma bouche n'est pas assez éloquente pour ce faire. »

« Il se tourna du côté duquel j'étais; il aperçut derrière moi, qui étais au pied du théâtre, une personne de sa connaissance qui s'était glissée dans la place; il la salua, lui disant:

— « *Adieu, monsieur, je suis votre serviteur!* »

« Moi, qui prenais cela pour moi, ne croyant pas qu'il y eût personne derrière, je levai mon chapeau et je lui fis un remerciement. Alors, il me fit le même compliment qu'à l'autre. Je ne sais si c'était par souvenir de m'avoir vu une fois chez lui, comme je lui demandais justice, ou pour marque de civilité.

« Comme le jésuite lui voulut couper les cheveux, il ne le voulut souffrir et dit au bourreau de le faire. Comme on lui parla de pardonner, il répondit qu'il n'avait point d'animosité, qu'il avait même de l'obligation à son ami, qui était cause qu'il sortait de ce monde.

« Après, considérant son crucifix :

— « *Mon Dieu, s'écria-t-il, j'ai vécu pour mourir!... Lyon, Lyon, bienheureuse ville! C'est de Lyon que je vais en Paradis!...* »

« Sur l'échafaud, il prit frayeur du sang de M. de Cinq-Mars et demanda un mouchoir pour se bander les yeux, disant :

— « Je suis poltron, je crains la mort quand je la vois ou que j'en entends parler. Si j'ai quelque constance à souffrir, il faut l'attribuer seulement à Dieu! »

« On lui jeta trois mouchoirs.

« Après quoi, il mit la tête sur le poteau où il reçut deux coups : son corps se leva et retomba sur l'échafaud, où il reçut encore trois coups avant que la tête ne fût séparée du tronc.

« Les corps furent incontinent emportés aux Feuillants, par l'ordre de M. le chancelier.

« Moi, les larmes aux yeux, je me retirai avec mon personnage, qui empêcha que le peuple ne tuât le bourreau, que l'on dit avoir depuis été assassiné.

« La plus grande partie de Lyon communia à l'intention des deux condamnés pour le soulagement de leurs âmes. »

Ce récit d'une simplicité si touchante est le plus fidèle, quoique le moins long de ceux qui nous sont restés de cette exécution. On trouve dans d'autres les discours tenus par les deux victimes; mais leur étendue même peut en rendre une partie suspecte. On n'avait point alors la ressource des sténographes.

Enfin, celui-ci est le seul où il soit question d'un portrait enfermé dans une boite enrichie de diamants, que Cinq-Mars remit au père Malavalette avec mission de le détruire.

Ce portrait n'était autre que celui de Marie de Gonzague, duchesse de Nevers.

Les deux corps furent ensevelis, celui de Cinq-Mars aux Feuillants même, devant le maître-autel; celui de de Thou, aux Carmélites de Lyon, après avoir été embaumé et mis dans un cercueil de plomb. Pour son cœur, il fut porté à Paris et réuni aux dépouilles mortelles de la famille de Thou, dans l'église de Saint-André-des-Arcs.

Le cardinal de Richelieu, qui avait appris le même jour la mort de ses deux victimes et la prise de Perpignan, écrivit à Louis XIII :

« Sire,

« *Vos ennemis* sont morts et Perpignan est à vous. »

Ainsi disparurent prématurément de la scène du monde, deux hommes qui auraient pu en être l'ornement, s'ils s'étaient renfermés dans leurs attributions naturelles et si les passions fatales qui troublent le cœur des heureux et des favorisés, comme pour les rabaisser au commun niveau de l'infirmité humaine, ne les eussent point détournés de leur carrière et leurré de gigantesques illusions. L'exemple de tant d'autres ne put les retenir, et le leur n'a rappelé depuis lors à aucun ambitieux, que la roche Tarpéienne touche au Capitole!

Mais avec eux le procès relatif au traité de Madrid n'était point terminé. Il restait à statuer sur le sort du duc de Bouillon, prisonnier à Lyon comme eux et pour la même cause.

L'excessive indulgence dont on usa à son égard, ne fit que mettre plus en évidence l'excès de sévérité déployé contre les autres.

Ses moyens de défense étaient très-faibles. Il prétendit n'avoir pris part à la conjuration que pour en régler la marche et en prévenir les excès. Il avait accepté là un singulier rôle, et sans le secours inattendu qui lui vint du cardinal Mazarin, alors à ses débuts, il est probable que certaine phrase de Richelieu que nous avons rapportée, se serait fatalement vérifiée à l'égard de cet incorrigible conspirateur. On se rappelle que Richelieu l'avait menacé de toutes ses rigueurs s'il s'avisait jamais de recommencer. Mais Mazarin plaida la cause du duc auprès du roi avec tant d'habileté et des manières si insinuantes, que la seule condition posée à son élargissement fut l'abandon de Sédan et la soumission immédiate de cette ville aux armes du roi, et que le duc paya d'une souveraineté ce que Cinq-Mars et de Thou avaient payé de leur tête.

Il semble que, du moins, on trouverait quelque consolation à apprendre que Louis XIII donna des larmes au souvenir d'un jeune homme qu'il avait honoré de toute sa confiance. On aimerait mieux le trouver une fois de plus assez faible pour avoir toléré un acte de souveraineté du cardinal contraire à ses vues et à ses sentiments, — qu'indifférent pour un serviteur dont il avait chéri longtemps l'amabilité et le caractère.

Il n'en fut rien.

Le 12 septembre 1642, Louis XIII, qui était à peu près instruit de l'heure du supplice de Cinq-Mars et qui n'avait pas eu de doute sur la nature de la sentence qui serait portée contre lui, regarda plusieurs fois sa montre et dit froidement: « *Dans une heure d'ici monsieur le grand écuyer, mon cher ami, passera mal son temps!* »

La personne de France qui, pour ainsi dire, ignora la dernière l'issue du procès, fut la duchesse de Nevers. A la cour, entourée de gens qui connaissaient son amour pour le marquis et ne laissaient parvenir à ses oreilles que des récits arrangés de ce qui se passait à Lyon, elle crut longtemps que Cinq-Mars allait reparaître.

Mais, en même temps, on la préparait à oublier ce jeune gentilhomme, en faisant briller à ses yeux l'éclat d'une couronne. Vladislas, roi de Pologne, avait demandé sa main, et elle trouvait très-doux de monter sur un trône, quoiqu'elle ne tînt pas à y monter trop tôt... Savait-elle, à vingt ans, le prix des objets vus en perspective? Et préférait-elle en toutes choses, en royauté comme en amour, l'incertitude à la réalité?

Quoi qu'il en soit, son temps était partagé entre les hommages assez ennuyeux du prince Palatin, et l'attente des nouvelles de celui qui lui avait juré d'être duc et pair ou de mourir.

A Saint-Germain, elle passait sur la terrasse une partie de ses journées, écoutant d'une oreille les fadeurs que lui débitaient les nombreux courtisans de sa beauté, et consultant de l'œil l'espace — et la poussière soulevée sur la route de Paris par les courriers qui en arrivaient fréquemment à bride abattue.

Anne, ma sœur Anne, ne vois-tu rien venir?

Mais ce n'était point un simple courrier que la duchesse attendait.

C'était, sinon Cinq-Mars duc et pair, du moins Cinq-Mars libre et pardonné.

Un jour quelqu'un eut l'imprudence de nommer devant elle une dame en deuil qui venait supplier le roi de lever un séquestre.

La dame en deuil était madame de Pontac.

Le séquestre qu'il s'agissait de faire lever était celui des biens de feu M. de Thou (1).

De Thou ne pouvait être mort sans Cinq-Mars.

La duchesse de Nevers n'avait plus qu'à accepter la main de Vladislas.

Elle poussa un cri, tomba évanouie entre les mains de ses dames et elle demeura longtemps sur son lit, pâmée et immobile, dans la même posture et aussi glacée que Cinq-Mars au fond de son cercueil.

Cependant l'astre de Richelieu s'éteignait et celui de Mazarin montait à l'horizon. Un cardinal était sur le point, la mort aidant, de supplanter l'autre.

On sait le mot prophétique dont le ministre agonisant salua le futur ministre:

— « Si je voulais tromper le diable, je ne me servirais point d'autres finesses que les siennes. »

Richelieu mort, l'aristocratie française respira et le bourreau posa pour un moment sa hache.

Il y avait dans la chambre du défunt un tableau où il s'était fait peindre le globe de Charlemagne à la main, avec cette inscription:

Hoc stante, cuncta moventur (2).

Une main inconnue écrivit dessous :

Ergo, cadente, omnia quiescunt (3).

Mais ce n'était pas pour longtemps : la Fronde allait venir.

III.

Pièces curieuses relatives au procès de Cinq-Mars et de Thou. — Mémoire de la main de Richelieu sur cette procédure. — Démarches faites sous Louis XIV pour la réhabilitation de M. de Thou. — Du crime de lèse-majesté.

Nous avons rapporté plus haut quelques lignes d'un mémoire dû à la plume de Richelieu et relatif à la procédure dirigée contre MM. de Thou et Cinq-Mars. Nous avons aussi rapporté en substance le traité de Madrid, qui fut la pièce à conviction principale. Voici la minute de ces pièces singulières; elles jetteront un nouveau jour sur les mœurs politiques de l'époque et sur la manière dont Richelieu souhaitait que la postérité envisageât la cruelle vengeance exercée par lui contre deux de ses ennemis personnels.

Commençons par le traité de Madrid :

ARTICLES DU TRAITÉ

Fait entre le comte-duc (duc d'Olivarès) *pour le roy d'Espagne et M. de Fontrailles, pour et au nom de* MONSIEUR, *à Madrid, le* 13 *janvier* 1642, *dont* MONSIEUR *a fait mention dans sa déclaration du 7 juillet suivant.* (Extrait des mémoires de Fontrailles.)

Le sieur de Fontrailles, aiant esté envoié par mon Seigneur le duc d'Orléans vers le roy d'Espagne avec lettres de S. A. pour Sa Majesté catholique, et mon seigneur le comte-duc de San Lucar, datées de Paris, du 20 décembre, a proposé en vertu des pouvoirs à luy donnés, que S. A. désirant le bien général et particulier de la France, de voir, la noblesse et le peuple de ce royaume, délivrés des oppressions qu'ils souffrent depuis longtemps par une si sanglante guerre (*la guerre de trente ans.*) (1).

Pour faire cesser la cause d'icelle et pour establir une paix générale et raisonnable entre l'empereur et les deux couronnes (*de France et d'Espagne*) au bénéfice de la chrestienté, prendrait volontiers les armes à cette fin, si Sa Majesté catholique y voulait concourir de son costé avec les moyens possibles pour avancer leurs affaires.

Et après avoir déclaré le particulier de sa commission en ce qui est des offres et demandes que font les seigneurs d'Orléans et ceux de son party, a été accordé et conclu par ledit seigneur Comte-Duc, pour Leurs Majestés impériale et catholique, et au nom de S. A., par ledit sieur de Fontrailles, les articles suivants :

1° Comme le *principal but* de ce traité est de faire une juste paix entre les deux couronnes d'Espagne et de France, pour leur bien commun et de toutte la chrestienté, ont déclaré unanimement qu'on ne prétend en cecy autre chose contre le roy très-chrétien (Louis XIII), et au préjudice de ses estats, ni contre les droits et autoritez de la reyne très-

(1) On a conservé de Mme de Pontac un trait qui mérite d'être consigné ici.

Allant à la chappelle de la Sorbonne jeter de l'eau bénite sur le corps du cardinal, mort trois mois après M. de Thou, elle dit au défunt ce que Magdeleine, sœur de Lazare, avait dit à Jésus-Christ dans un sens opposé :

Domina, si fuisses hic, non esset mortuus frater meus.

« Seigneur, si vous aviez été ici, mon frère ne serait pas mort! »

(2) Tant qu'il est debout, tout se meut.

(3) Donc, lui tombant, tout se repose.

(1) Il est important de rappeler ici succinctement la position réciproque des grandes puissances européennes, durant cette mémorable guerre.

On sait que la religion en fut le prétexte; mais le véritable motif fut l'ambition de l'Autriche, qui voulait changer à son profit le système fédératif de l'Allemagne en une vaste monarchie. Toute l'Allemagne se trouva alors divisée en deux partis : *la ligue catholique* et *l'union évangélique.* La France ne pouvait demeurer indifférente dans une guerre continentale, qui menaçait de lui enlever toute prépondérance si l'Autriche arrivait à planter les bornes-frontières sur les bords du Rhin, et jusque dans le cœur de notre pays, puisque l'Alsace n'était point alors française. La France et la Suède combattirent avec les protestants allemands, l'Espagne prit le parti de l'Autriche. Celle-ci triompha partout durant la première période de cette lutte. Elle avait des hommes de guerre illustres, les Tilly, les Wallenstein, les Gallas, les Piccolomini. La Suède avait un héros, Gustave-Adolphe; la France un cauteleux politique, Richelieu, et des généraux dont la gloire est proverbiale, Turenne et Condé.

Durant la seconde période, la fortune se déclara en faveur de la Suède. L'Autriche fut un moment à deux doigts de sa perte.

Durant la troisième, la victoire incertaine fut tantôt pour l'Autriche et tantôt pour nous.

On peut dire que la conspiration triomphante du duc d'Orléans, contre le cardinal, à part les motifs de haine personnelle qui l'avaient inspirée, n'auraient servi qu'à livrer la France en proie à des divisions d'autant plus redoutables, que nul n'aurait été politiquement capable de les comprimer, et que l'étranger était à nos portes. Aussi la Providence fit-elle servir admirablement le soin jaloux que le cardinal avait de se conserver soi-même, à un but de conservation sociale, que la haute position de Richelieu, en présence des intrigues dissolvantes de la noblesse et de la faiblesse du roi Louis XIII, personnifiait admirablement.

A ce point de vue élevé, le sang de deux gentilshommes, Cinq-Mars et de Thou, aussi bien que le sang versé à Prague, à Nordlingen, à Rocroy et à Marienthal, fut, pour ainsi dire, l'encre nécessaire à la rédaction du grand traité de Westphalie.

chrétienne et régnante; ainsi, au contraire, on aura soin de la maintenir en tout ce qui luy apartient (1).

2° S. M. catholiqne donnera douze mille hommes de pied et cinq mille chevaux effectif de vieille troupes, le tout venant d'Allemagne, ou de l'Empire, ou de S. M. catholique. Que si, par quelque accident il manquait, de ce nombre, deux ou trois mille hommes, on n'entend point pour cela qu'on ayt manqué à ce qui est accordé, attendu qu'on les fournira le plus tost possible.

3° Il est accordé que, dès le jour que monseigneur le duc d'Orléans se trouvera dans la place de seureté où il dit estre en estat de pouvoir lever des troupes (*Sedan*), Sa Majesté catholique lui baillera quatre cent mille escus comptant, payables au contentement de S. A. pour estre emploiez en levées et autres frais utiles pour le bien commun.

4° Sa Majesté catholique donnera le train d'artillerie avec les munitions de guerre propres à ce corps d'armée, avec les vivres pour toutes les troupes, jusqu'à ce qu'elles soient entrées en France, là où S. A. entretiendra les siens, et Sa Majesté catholique les autres, comme il sera spécifié plus bas.

5° Les places qui seront prises en France, soit par l'armée de Sa Majesté catholique, ou celle de Son Altesse, seront mises ès-mains de S. A. ou de ceux de son party.

6° Il sera donné, au dit seigneur duc d'Orléans, douze mille écus par mois de pension, outre ce que Sa Majesté catholique donne en Flandres à la duchesse d'Orléans, sa femme

7° Est arresté que cette armée et les troupes d'icelles obéiront absolument audit seigneur duc d'Orléans, et néanmoins attendu que ladite armée est levée des deniers de Sa Majesté catholique, les officiers d'icelle presteront le serment de fidélité à S. A. de servir aux fins du présent traité; et arrivant, faute de S. A., s'il y a quelque prince du sang de France dans le traité, il commandera à la manière qu'il avait esté arresté dans le traité fait avec monseigneur le comte de Soissons.

Et en cas que l'archiduc Léopold ou autre personne, fils, ou frère, ou parent de Sa Majesté catholique, vienne à estre gouverneur pour Sadite Majesté catholique en Flandres, comme il sera là, par mesme moyen général de ses armées, que Sa Majesté catholique a tant de part en ce lieu :

Est accordé que le seigneur duc d'Orléans, ceux de son party de quelque qualité et condition qu'ils soient, aiant esgard à ces considérations, *tiendront bonne correspondance avec ledit seigneur archiduc*, ou autre que dit est, *et lui communiqueront tout ce qui se présentera, en recevant tous ensemble les ordres de l'Empereur, de Sa Majesté catholique*, tant pour ce qui concerne la guerre, que pour les plaiges de cette armée et tous les progrèz. (?!)

8° Et d'autant que S. A. a deux personnes propres à estre maréchaux-de-camp en cette armée, que ledit sieur de Fontrailles déclarera après la conclusion du présent traité. Sa Majesté catholique se charge d'obtenir de l'Empereur deux *lettres patentes* de mareschaux-de-camp pour eux (2).

9° Il est accordé que Sa Majesté catholique donnera quatre-vingt mille ducats à départir par mois aux seigneurs susdits. (*On verra plus loin le nom des deux personnages en toutes lettres.*)

10° Comme aussi on donnera, dans trois mois, 100.000 livres pour pourvoir et munir la place que S. A. a pour sa sécurité en France.

Et si celui qui baille la place n'est pas satisfait de cela, on baillera ladite somme comptant, de plus 500 quintaux de poudre et 25,000 livres par mois pour l'entretien de la garnison.

11° Il est accordé de part et d'autre qu'il ne sera fait nul accomodement en général ny en particulier avec la couronne de France, si ce n'est d'un commun consentement, et qu'on rendra toutes les places et pays qu'on aura pris en France, *toutefois et quantes que la France rendra les places qu'elle a gagnées en quelque pays que ce soit*, même celles qu'elle a achetées, et qui sont occupées par les armées aiant fait serment à la France.

Et ledit seigneur duc d'Orléans et ceux de son party se déclarent dès maintenant *pour ennemis des Suédois, et de tous autres ennemis de leurs Majestés Impériale et catholique*, et de tous ceux qui leur donnent et donneront faveur, ayde et protection.

Et pour les destruire, S. A. et ceux de son party donneront toutes les assistances possibles.

12° Il est convenu que les armées de Flandres et celle que doit commander S. A., ainsi que dit est, ajiront de commune main à mesme fin, avec correspondance.

13° On taschera de faire que les troupes soient prestes au plus tost, et que ce soit à la fin de may : sur quoi Sa Majesté catholique fera écrire au gouverneur de Luxembourg, afin qu'il dit à celui qui luy portera un blanc signé de S. A. ou de quelqu'un des deux seigneurs, le temps auquel tout pourra estre en estat.

Lequel blanc signé, S. A. enverra au plus tôst, afin de gagner temps si les choses sont pressées; ou si elles ne le sont point encore lorsque la personne arrivera, elle s'en retournera à la place de seureté.

14° Sa Majesté catholique donnera aux troupes de S. A., un mois après qu'elles seront dans le service, cent mille livres par mois pour leur entretien. Et S. A. aura agréable de déclarer le nombre des hommes qu'il aura dans la place de seureté et celui de ses troupes; demeurant dès maintenant accordé que les logements et les contributions se distribueront également entre les deux armées.

15° L'argent qui se tirera du royaume de France sera à la disposition de S. A., et sera déparly également entre les deux armées, comme il est dit en l'article précédent, et est déclaré qu'on ne pourra imposer aucuns tributs que par l'ordre de S. A.

16° Au cas que ledit seigneur duc d'Orléans soit obligé de sortir de France et qu'il entre dans la Franche-Comté ou autre part, Sa Majesté catholique donnera ordre à ce que S. A. et les deux autres grands du party, soient reçeus dans tous les Estats, et pour les faire conduire de là dans la place de seureté.

17° D'autant que ledit seigneur d'Orléans désire un pouvoir de Sa Majesté catholique pour donner la paix ou neutralités aux villes et provinces de France qui la demanderont, et il y aura auprès de S. A. un ambassadeur de Sa Majesté avec pleins pouvoirs. *S. M. y consent.* (!?)

18° S'il arrive faute, ce que Dieu ne veuille, dudit seigneur duc d'Orléans, Sa Majesté catholique promet de conserver les mesmes pensions auxdits seigneurs et à un seul d'eux si le party subsiste, ou qu'ils demeurent au service de Sa Majesté catholique.

19° Ledit seigneur duc d'Orléans asseure, et en son nom ledit sieur de Fontrailles, qu'à mesme temps que S. A. se découvrira, *il luy fera livrer une place des meilleures de France* pour sa seureté, laquelle sera déclarée à la conclusion du présent traité.

Et au cas qu'elle ne soit trouvée suffisante, ledit traité demeurera nul, et comme aussi ledit sieur de Fontrailles déclarera lesdits deux seigneurs pour lesquels on demande les pensions susdites dont Sa Majesté demeure d'accord.

20° Finalement est accordé que tout le contenu de ces articles sera approuvé et ratifié par Sa Majesté catholique, et ledit seigneur d'Orléans, en la manière ordinaire et accoustumée en semblables traitez.

Le comte-duc le promet ainsi au nom de Sa Majesté, et ledit sieur de Fontrailles au nom de S. A., s'obligeant respectivement à cela comme de leurs chefs, ils l'approuvent dès à présent, le ratifient et le signent.

A Madrid, le 13 janvier 1642.

Signé, DOM GASPAR DE GUZMAN.

Et par supposition de nom,
CLERMONT *pour* FONTRAILLES.

(1) La déclaration de guerre à Richelieu impliquée dans cette adoption des intérêts de la reine, son ennemie, est d'une habileté remarquable.

(2) La trahison des intérêts de la France est ici, et aussi claire que possible. Que deviennent les protestations de l'article premier?

Voici maitenant les deux pièces constatant l'authenticité du traité ci-dessus :

« Nous Gaston fils de France, frère unique du Roy, duc d'Orléans, certifions que le contenu cy-dessus est la vraye copie de l'original du traité que Fontrailles a passé en nostre nom avec M. le comte-duc de San Lucar.

« En tesmoin de quoy nous avons signé la présente de nostre main, et icelle fait signer par nostre secrétaire, le 29 décembre 1641, à Villefranche.

« *Signé*, GASTON.

« *Contresigné*, GOULAS. »

Enfin, voici la contre-lettre dans laquelle les noms laissés en blanc dans le traité, à savoir ceux du marquis de Cinq-Mars et du duc de Bouillon, sont portés régulièrement à la connaissance du roi d'Espagne, et, partant, signalés à la police secrète de Richelieu :

« D'autant que par le traité que j'ay signé aujourd'huy, pour et au nom de monseigneur le duc d'Orléans avec M. le comte-duc, pour et au nom de Sa Majesté catholique, je suis obligé de déclarer le nom des deux personnes qui sont comprises par S. A. dans ledit traité, et la place qu'elle a prise pour sa seureté.

« Je déclare et asseure au nom de S. A. à M. le comte-duc, afin qu'il die à Sa Majesté catholique, que les deux personnes sont :

« Le seigneur duc de Bouillon,

« Et le seigneur de Cinq-Mars, grand-escuyer de France.

« Et la place de seureté qui est assurée à S. A. est Sedan, que ledit seigneur de Bouillon luy met entre les mains.

« En foy de quoy j'ai signé ce traité à Madrid, le 13 janvier 1642, signé par supposition de nom CLERMONT.

« Nous Gaston, fils de France, frère unique du Roy et C. Reconnaissons que le contenu cy-dessus est la vraye copie de la déclaration que M. de Bouillon, M. le Grand et nous soubsigner avons donné au sieur de Fontrailles, pouvoir de faire des noms de ces sieurs de Bouillon et le Grand à M. le duc de San Lucar, après qu'il aurait passé le traité avec luy, auquel traité ils ne sont compris que sous le titre de deux grands seigneurs de France.

« En tesmoins de quoi nous avons signé la présente certification de nostre main, et icelle fait contresigner par notre secrétaire.

« A Villefranche, ce 29 décembre 1642. »

Signé GASTON.

Contresigné GOULAS.

On voit, par les pièces qui précèdent, que le duc de Bouillon et Cinq-Mars, avaient consenti à être nommés au roi d'Espagne, mais nullement à figurer nommément dans le traité.

Cette déclaration devait être tenue secrète. Et si les yeux et les oreilles que Richelieu avait partout dans les cours étrangères, avaient découvert ce renseignement, il suffisait au duc d'Orléans de refuser la communication officielle de cette contre-lettre aux commissaires qui instruisirent le procès, pour que Cinq-Mars et le duc fussent de plein droit, renvoyés de la plainte.

L'immolation de ses complices à la vengeance de Richelieu est d'autant plus outrageante pour la mémoire de ce prince, qu'elle était parfaitement inutile à son propre salut.

Ce fut plus qu'un crime : ce fut une lâcheté.

Certes, en face d'un pareil adversaire, le cardinal avait beau jeu. Ainsi rendu maître du terrain, il put écrire le mémoire suivant avec cette lucidité d'esprit et cette logique que les consciences les plus troubles puisent dans l'impunité.

« L'instruction du procès a été faite par M. le chancelier, qui s'est *toujours* fait assister de nombre de commissaires, partie de MM. les conseillers d'État, partie de MM. du Parlement de Grenoble : et l'on peut dire que *jamais procédure n'a été mieux instruite*.

« Cette déclaration fut reçue par M. le chancelier, avec les mêmes formes avec lesquelles on a accoutumé de prendre la déposition des autres témoins ; mais avec cette particulière précaution qu'elle fut révélée par *Monsieur*, en présence de M. le chancelier, de sept ou huit conseillers d'État ou maîtres des requêtes qui la signèrent avec lui, après qu'il eut persisté avec serment à ce qu'elle contenait.

« Et d'autant que le droit et les ordonnances veulent, sans exception, que tout témoin soit confronté, le procureur-général du Roy crut, nonobstant l'usage de la confrontation figurative, pratiquée en certains cas, et les avis de MM. les avocats-généraux au Parlement de Paris, fondé sur les priviléges et les prérogatives de MM. les enfants de France, et appuyé de quelques exemples, que, si l'on exemptait *Monsieur* de la confrontation, il fallait user de quelques formalités qui valut autant et qui donnât les mêmes moyens et facilités aux prévenus de se justifier.

« Il demanda donc, pour cet effet, que la déclaration de *Monsieur* leur fût lue, après qu'ils auraient déclaré s'ils auraient des reproches à donner contre lui, ce qu'ils croyait qu'ils pourraient faire avec plus de liberté en l'absence de son S. A. Royale, que si elle eût été présente, et qu'ensuite les reproches et réponses des prévenus fussent communiqués à *Monsieur* ; ce qui fut ordonné par arrêt et exécuté par M. le chancelier en la forme des procédures précédentes.

« Pour les autres qui peuvent servir de témoins au crime de lèse-majesté ; les formalités et ordonnances furent observées.

« M. de Cinq-Mars fut chargé par la déposition de deux témoins, qui furent *Monsieur* et M. le duc de Bouillon, *d'avoir voulu changer le gouvernement de l'État, en mettant M. le cardinal hors des affaires*, et de les avoir portés à traiter avec le roi d'Espagne ; qu'il était l'auteur du traité dont *Monsieur* représentait la copie, ayant brûlé l'original du consentement du Roy d'Espagne, quand il apprit que M. le Grand était arrêté.

« M. de Bouillon confessa d'avoir offert son service et sa place de Sedan à *Monsieur*, d'avoir eu connaissance du traité d'Espagne ; mais nia d'y avoir voulu prendre part, ayant allégué qu'il sortait des mains des Espagnols et avait connu leur faiblesse ; et que, s'il a offert Sedan à *Monsieur* et si *Monsieur* lui a envoyé des lettres pour y être reçu, c'est parce que *Monsieur* lui a fait dire que les craintes qu'il avait d'être arrêté, l'obligeaient à sortir du royaume ; et que si M. de Bouillon ne lui donnait retraite, il était résolu de se jeter entre les bras des Espagnols.

« M. de Bouillon fut aussi chargé du traité d'Espagne par la déclaration de *Monsieur*.

« M. De Thou fut chargé par l'un et par l'autre d'*avoir eu connaissance de tout* ce qui s'était passé, *à la réserve du traité d'Espagne*, c'est-à-dire de la retraite de *Monsieur* à Sedan *et du reste*, et d'avoir ménagé la liaison de M. de Bouillon et de M. le Grand ; d'avoir fait un ouvrage à Leménil vers M. de Bouillon, à qui il demanda un rendez-vous en lieu où il ne pût être vu de personne ; d'avoir fait un voyage à Vendôme pour engager dans la ligue le duc de Beaufort.

« On mit sur son compte plusieurs allées et venues de Saint-Germain à Paris, à la place Royale chez Fontrailles, et ailleurs où l'on a conféré du traité d'Espagne.

« Mais il dit qu'il se tenait reculé et n'entendit pas ce qui se disait dans cette conférence, et croyait que ce n'était qu'une liaison d'amitié, et que, si c'était à heure indue, c'était parce que M. le Grand n'avait pas d'autre temps libre.

« Néanmoins, *Monsieur* dit que, la dernière fois que M. de Thou lui a parlé, il l'a trouvé instruit de tout, et que, si M. de Thou ne le lui avait témoigné plus tôt, c'était parce que *Monsieur* avait dit à M. le Grand, qu'il ne désirait pas que M. de Thou eût connaissance du traité d'Espagne, à cause qu'ayant grand nombre de parents et amis, la chose ne serait pas secrète. »

Il n'est naturellement pas dit un mot du rôle inqualifiable que joua Laubardemont dans cette affaire, non plus que des coupables complaisances du chancelier. Le cardinal insiste sur la manière dont on en usa à l'égard du duc d'Orléans, comme si ce procédé judiciaire avait été le seul discutable dans le procès : Il n'est pas fait mention de l'impossibilité où se trouvèrent les commissaires de produire un fait juridiquement prouvé à la charge de M. de Thou, non plus que de l'exhumation de vieilles ordonnances de Louis IX, touchant le crime de lèse-majesté, ordonnances tombées en désuétude et sans lesquelles aucun texte de loi n'aurait pu être invoqué, à l'appui d'une condamnation. (1)

Et encore le texte fut-il détourné de son sens naturel.

Et même M. de Thou avait fait usage des confidences qu'il avait pu recevoir des conjurés, pour les compromettre en les dénonçant, il encourait les peines portées contre la calomnie.

En un mot, on peut dire qu'il porta la peine de son obéissance aux lois elles-mêmes et que, devant figurer au procès comme témoin, il fut injustement placé sur la sellette des prévenus.

Ces réflexions furent trouvées peu après d'un tel poids, que la requête suivante fut présentée à Louis XIV, pour la réhabilitation de ce condamné.

REQUÊTE AU ROI.

« SIRE,

« JACQUES AUGUSTE DE THOU, conseiller en votre cour du parlement, remontre très-humblement à Votre Majesté, que l'honneur qu'avait FRANÇOIS-AUGUSTIN DE THOU, conseiller en vos conseils, son frère, d'être allié et estimé de plusieurs personnes de haute condition, lui ayant acquis la haine du défunt sieur cardinal de Richelieu, il aurait résolu d'employer toutes sortes de moyens et toute sa puissance pour le perdre, et l'ayant fait arrêter à Narbonne le 6 juin 1642 avec le sieur de CINQ-MARS, grand écuyer de France, il aurait fait rechercher toutes les actions, les voyages et les visites du défunt, et n'y ayant rien trouvé qui ne fût innocent, il aurait mis son principal soin à faire pratiquer le sieur Cinq-Mars, en lui promettant l'impunité s'il déclarait quelque chose contre le sieur de Thou.

« Et pour faire que, dans l'instruction du procès toutes choses passassent selon sa volonté, il aurait nommé tels commissaires qu'il aurait voulu, parents entre-eux ou très-intéressés dans sa fortune.

« Et parce qu'aucun de ces juges choisis n'avaient témoigné vouloir adhérer à la passion du cardinal, il les aurait fait révoquer pour leur substituer ceux qui ont fait partie de la commission définitive, et qui étaient plus dociles encore à sa volonté.

« Ce mauvais principe, SIRE, a été suivi d'une infinité d'injustices et d'infractions à vos ordonnances, car la principale déposition a été dressée par la suggestion de M. le chancelier qui présidait la commission, et qui fut seul avec le témoin cinq heures durant, sans adjoint ni greffier. Ce principal témoin n'a point été confronté avec les accusés.

« *Une lettre* à l'entière décharge de l'accusé *de Thou*, et qui détruisait cette déposition, *a été supprimée*. Enfin ce qui est sans exemple, le sieur de *Cinq-Mars*, étant sur la sellette, se leva en présence des commissaires et vint entretenir le chancelier à voix basse, à la suite duquel entretien il chargea le sieur *de Thou*.

« Les commissaires, quoique choisis, qui proposèrent quelque doute, furent intimidés. M. le chancelier ayant déclaré qu'il ne se trouvait point de charge suffisante contre le sieur *De Thou*, il lui fut répondu de la part du cardinal, par une personne de condition très-haute : « ***Il n'importe, il faut qu'il meure.*** »

« Cet ordre précis produisit l'effet qui en était attendu. Enfin, le sieur chancelier, quoique récusé justement par un des accusés, demeura juge, sans avoir fait juger la récusation.

« Les gardes de M. *De Thou* furent sollicités par argent pour déposer contre lui.

« Trois diverses personnes ont fait l'office de greffiers au procès; l'une n'a pas même prêté serment, et la minute du procès ne se trouve dans aucun greffe, ce qui montre qu'elle a été supprimée.

« Au reste, SIRE, la précipitation a été telle, que le 12 septembre 1642, à midi, M. *De Thou* était innocent, et que deux heures après il fut condamné au dernier supplice.

« Par toutes ces circonstances, SIRE, Votre Majesté voit en combien de sortes la justice de vos ordonnances ont été violées, pour opprimer un innocent.

« Quelle gloire à Votre Majesté, à l'entrée de son règne, de faire voir le zèle qu'elle a pour la justice, de relever ceux qui sont opprimés, de rendre à une famille illustre l'honneur qu'on lui a voulu ravir, de ne pas refuser à la piété d'un frère ce que toute la France, et tout ce qu'il y a de gens d'honneur dans l'Europe, semblent demander avec le suppliant!

« Faudra-t-il qu'il soit le seul sur lequel demeurent les vestiges des violences et de l'oppression passée?

« A ces causes, SIRE, plaise à Votre Majesté de permettre au suppliant de justifier la mémoire du défunt sieur *De Thou*, son frère, et, pour ce, lui accorder lettres de révision adressantes à telles de vos Cours qu'il plaise à Votre Majesté d'ordonner, autre que celle de Grenoble : et ordonner aux greffiers ou autres chargés du procès, qu'ils aient à le déposer au greffe du Parlement; et le suppliant sera tenu de continuer ses prières pour la grandeur, prospérité et santé de Votre Majesté. »

Cette requête n'eut point d'effet. La mémoire de François De Thou n'a jamais été réhabilitée. La famille a dû se contenter d'une réhabilitation bien enregistrée dans tous les cœurs français.

Répétons, toutefois, que la postérité, en infirmant le jugement porté contre De Thou, pour vices de formes et abus criant de pouvoir, ne saurait se refuser à reconnaître ici certaines exigences de la raison d'État.

La raison d'État est un mot dénué de sens pour le vulgaire. S'il lui arrive de l'appliquer, c'est, par dérision, à des mesures iniques et violentes. La raison d'État commande des illégalités, des inconséquences apparentes, jamais des crimes. Elle ne condamnait point de Thou à mort : mais elle commandait qu'il fût *supprimé civilement*. En un mot, elle ne devait ni le tuer ni l'absoudre.

Ce serait ici le lieu d'appliquer *la raison d'État* par l'histoire même du *crime de lèse-majesté*, si ce vaste sujet pouvait rentrer dans notre cadre.

La répression du crime de lèse-majesté a donné de tout temps lieu à des crimes juridiques. Une loi des empereurs romains poursuivait comme sacrilèges ceux qui mettaient en question le mérite des citoyens nommés à quelque emploi. *Sacrilegii est instar dubitare an is dignus sit quem elegerit imperator*. Cod. de crim., liv. III.

On avait alors étendu le respect superstitieux exigé pour les ministres à tous ceux qui entraient dans le conseil du prince, gladiateurs, affranchis et histrions. Il fallait prendre garde de ne pas les applaudir. Domitien prétendait que les gladiateurs faisaient partie de sa personne. Ce raffinement fut porté très-loin.

Sous Tibère, un particulier fut condamné pour crime de lèse-majesté pour avoir ôté la tête d'une statue d'Auguste et l'avoir remplacée par une autre.

Un autre éprouva le même sort, sous Caracalla, pour avoir uriné dans un lieu où se trouvaient des images de l'empe-

(1) Voici le texte de cette fameuse ordonnance de Louis IX :

« Dorénavant ceux qui sauront ou auront connaissance de quelque conspiration contre le roi, la reine, le dauphin et l'État, seront réputés criminels de lèse-majesté, et punis de semblables peines que les principaux auteurs, conspirateurs etc... s'ils ne la révèlent au roi, ou à ses principaux juges et officiers des pays où ils sont, *le plus tôt que possible* TELLE SEMBLERA, après qu'ils en auront eu connaissance.

Les compilateurs du temps ne l'ont pas même fait figurer dans les recueils des lois et ordonnances publiés en 1477, 1479, 1480, 1481 et 1483, recueils faits plutôt pour servir à l'histoire du droit qu'à la pratique de la jurisprudence; et qui renferment une foule d'ordonnances douteuses, supposées ou non ratifiées; et voilà pourtant sur quel texte tordu et dénaturé par la passion et l'intérêt, la tête de M. de Thou est tombée sous la hache. Quel parti il y avait à tirer de ce texte même contre les conclusions d'un Laubardemont!

reur. On n'en finirait pas si l'on voulait enregistrer toutes les absurdités barbares de cette espèce, qui, d'ailleurs, disparurent avec le christianisme, et que les ordonnances les plus barbares du moyen-âge n'ont jamais renouvelées.

Le moyen-âge remplaça toutefois le crime de lèse-majesté, par le crime de lèse-divinité, par le sacrilège proprement dit. J'ai nommé le tribunal de l'Inquisition. L'Église une fois moralement séparée de l'État, il en devait être ainsi.

Toutefois, si cette séparation avait été plus franche, l'Inquisition n'eut édicté que des excommunications.

Quoi qu'il en soit, dès-lors et de plus en plus, le crime de lèse-majesté rentra dans la catégorie des entreprises contre la sûreté de l'État personnifié par le souverain. C'est à une plus juste connaissance et une meilleure définition de cette personnification, que nous devons aujourd'hui de ne plus assister à des condamnations à mort, commandées moins par la justice que par la passion politique des gouvernants. *Salus populi suprema lex.* Le souverain en qualité de souverain, n'est offensé que de ce qui porte atteinte à la sûreté publique. En qualité d'homme, les injures qu'il reçoit sont passibles du même châtiment que celles dont les citoyens sont victimes. Que si une plus grande sévérité est déployée à l'égard du coupable, c'est qu'il a frappé un magistrat ou un officier public, dans l'exercice de ses fonctions, le souverain étant le premier officier et le premier magistrat du royaume.

Ainsi les communications de de Thou avec les ennemis de la France (et l'Espagne était l'ennemie de la France, bien plus que du cardinal) suffisaient pour le rendre inhabile aux fonctions de conseiller, aux droits de citoyen, à tout ce qui constituait l'exercice de la vie civile et publique. La question n'était pas de savoir, s'il détestait le cardinal, mais s'il avait fomenté des conspirations propres à amener l'envahissement de nos frontières et la guerre civile dans l'intérieur.

En ceci seulement consistait le crime de lèse-majesté. De Thou l'avait commis, son bannissement n'eût été blâmé par personne, fût-il entaché d'illégalité. Sa condamnation à mort fut un crime, quand son exil n'était qu'un devoir.

La raison d'État prohibait également la condamnation d'un innocent, laquelle diminue toujours le respect de l'autorité, et l'acquittement d'un brouillon, atteint d'une manie *conspirative* qui n'était pas curable par la seule intimidation et qui n'avait pas le caractère tranché d'une maladie physique. Le pouvoir a mission de s'occuper de ces maladies mixtes, et de mettre l'État à l'abri des tentatives et des incursions de ces gens-là.

IV.

Portrait de Marie de Gonzague. — Ce qu'il arrive de tous ses attachements. — Ladislas. — Jean Casimir. — Michel Cigale. Mourir de froid. — Lettre de Voiture.

Jamais le lecteur ne se détache sans peine d'une héroïne non moins intéressante par ses malheurs que par sa grâce et sa beauté. Aussi voudra-t-il savoir si Marie de Gonzague fut plus heureuse dans d'autres liens que dans les liens éphémères qui l'unirent, de cœur et de pensée seulement, à l'infortuné Cinq-Mars.

Une étrange fatalité ne cessa de poursuivre la duchesse de Nevers. Elle fut reine, mais à quel prix! Trois ans après la mort tragique de son amant, elle épousa Ladislas Sigismond IV, roi de Pologne, et fut couronnée à Cracovie en 1646. Peu heureuse dans ce royal exil, et dans un hyménée qui n'avait eu d'autre objet que l'intérêt politique, elle devint veuve le 29 mai 1648. La Pologne n'avait plus de maître; c'est alors que s'ouvrit le nouveau concours d'ambition qui préside à l'intronisation de tous les pouvoirs électifs. La main de la veuve de Ladislas devint le point de mire des prétendants. Ce fut, chose moins étrange alors qu'elle ne le paraîtrait de nos jours, un jésuite et un cardinal qui obtint la main de la belle veuve et la couronne de la Pologne.

Jean Casimir, frère du roi défunt, parvint à se faire élire, renvoya son chapeau au Vatican et prit la couronne. Le pape lui accorda une dispense pour épouser Marie de Gonzague, sa belle-sœur, et voilà la maîtresse de Cinq-Mars reine de Pologne pour la seconde fois.

Cette nouvelle union ne fut pour elle qu'une nouvelle série d'épreuves. Aucune sécurité ne compensa pour elle son éloignement de la France et le dégoût des mœurs polonaises, si différentes de la civilisation de l'Occident. Entourée de magnats toujours ivres, elle avait pour distraction, l'angoisse de suivre sur une carte d'Europe les chances diverses des guerres soutenues par son nouvel époux contre la Suède et la Moscovie, guerres qui menaçaient dès-lors d'effacer politiquement le royaume de Pologne de cette carte.

La paix avec Charles-Gustave, roi de Suède, fut conclue en 1660; mais en 1661, la guerre avec les Moscovites durait encore. Enfin, une sédition qui éclata dans la Pologne inspira à Jean Casimir un si vif dégoût de la condition royale, qu'il annonça l'intention de s'en démettre. En même temps ce dernier des Jagellons, nouveau Jérémie, prédisait à cet état dont il rêvait d'abandonner les rênes, les malheurs qu'ont appelés sur la Pologne l'inconstance du caractère polonais et l'esprit de sédition.

Cependant la rudesse du climat, jointe aux chagrins, avait profondément altéré le tempérament de la reine. Elle mourut *de froid au cœur et aux membres*, dit un chroniqueur polonais, glacée par les mécomptes de sa tendresse comme par la rigueur d'un climat septentrional; d'autres disent d'apoplexie, ce qui ne serait pas en contradiction avec l'assertion précédente.

Cette noble princesse avait un grand fonds d'esprit et de piété. La grandeur de son courage dans des temps difficiles, les moyens qu'elle prit en 1661, pendant l'absence de son mari, pour appaiser les factions, tout la présente comme bien digne de la tendresse qu'elle avait inspirée à Cinq-Mars, et d'un sort plus heureux. Mais les grands courages sont prédestinés aux grandes adversités.

On remarque une grande conformité entre le caractère de Marie et celui de sa sœur Anne de Gonzague, toutes deux belles, entourés d'adorateurs, mais mortes dans la piété et pleurées également par les pauvres, dont elles étaient toutes deux la providence. Marie de Gonzague avait été trompée dans toutes ses affections, déçue dans toutes ses entreprises. Elle eut deux maris qui ne la rendirent point heureuse; Elle eut deux amants qui finirent l'un par l'échafaud, l'autre par l'infamie.

Ce dernier était Michel Cigale, qui était parvenu à se faire passer pour prince du sang ottoman et roi fugitif de Chypre et de Trébizonde. Sous ce titre, il fut reçu avec distinction par tous les souverains de l'Europe. Il fit sa cour à la reine de Pologne, qui, fort éprise des charmes de son esprit et de sa personne, résista vertueusement à ses sollicitations, et n'usa de l'ascendant qu'elle se croyait sur lui, que pour lui faire abjurer le mahométisme.

Mais Cigale n'avait réellement à abjurer que son imposture, car il était né de parents chrétiens fort obscurs, dans un bourg de Valachie. Il jouissait à Londres du fruit de ses mensonges; lorsqu'un homme de condition qui savait son histoire, l'ayant connu à Vienne dans les premiers temps de sa carrière, démasqua le fourbe, qui disparut.

On sait de quelle façon finit de son côté Jean Casimir, démissionnaire du sceptre de la Pologne: rentré en religion après son abdication et la perte de sa femme, il se retira d'abord sous Louis XIV dans l'abbaye de Saint-Germain-des-Prés, à Paris, et puis alla mourir à Nevers, le 14 décembre 1672. Il s'était remarié secrètement avec la veuve du maréchal de l'Hospital.

Nous terminerons ce chapitre par une lettre du célèbre Voiture, l'un des ornements littéraires de cette cour de France déjà si attique et si polie, où brillait en même temps le rival de Voiture, en matière de grâce et d'esprit, M. de Balzac.

On verra par cette lettre si la reine de Pologne était moins la protectrice des lettres et des arts et de ceux qui les cultivent, — que le refuge des malheureux.

A LA REYNE DE POLOGNE.

« Madame,

« Ce que ie considère le plus, du présent que m'a envoyé madame la marquise de Sablé et de l'adresse avec laquelle Vostre Majesté me l'a fait prendre, c'est le prétexte qu'il me donne de prendre la hardiesse de vous escrire; et le moyen que j'ay par là de vous faire souvenir de moy; sous ombre de rendre à Vostre Majesté les très-humbles remercîments que ie luy dois.

« Ie vous diray donc, Madame, que le plus avare homme du monde ne fut iamais si ayse que l'on luy fist du bien, que ie l'ay esté, de de celuy que ie viens de recevoir de Vostre Majesté et que ie me suis trouvé en cette occasion beaucoup plus intéressé, que ie n'eusse creu de le pouvoir estre.

« A dire le vray, l'honneur de recevoir des marques de la bienveillance d'une des plus grandes reynes du monde, et, ce que j'estime davantage, de la plus accomplie personne que i'ay iamais veue, est un intérest dont les âmes les mieux faites peuvent estre gagnées. Et tous les roys de la terre n'ont rien à donner qui soit de ce prix-là.

« Ie souhaite, Madame, que toutes les libéralitez que vous ferez soient touiours aussi bien employées, et ie veux dire aussi bien reconnuës, et qu'entre tant de millions d'hommes qui obéissent à Votre Majesté, il s'en trouue quelques-uns qui prenent autant de plaisir que moy, à publier ses louanges, et à la bien faire connaistre à tous les autres.

« Cela étant, Vostre Majesté aura bientôt, sur tout ses sûjets le mesme empire qu'elle a eu jusqu'à cette heure sur toutes les âmes raisonnables qui l'ont approchée.

« C'est cet empire, Madame, qui est né auec vous; que vous auiez deuant que vous eussiez de sceptre ni de couronne; et qui, si vous me permettez de le dire, est beaucoup plus estimable et plus absolu, que celuy que la fortune vous a donné.

« Ie prie Dieu que Vostre Majesté iouisse longtemps de l'un et de l'autre, auec toutes les prospéritez qu'elle mérite, et que ie sois assez heureux, une fois en ma vie, pour vous voir dans vostre gloire et pour vous pouuoir dire moy-mesme auec combien de respect, de passion et de zèle, ie suis, Madame,

« de Vostre Majesté,
« le très-humble et
« très-reconnaissant
« seruiteur,

« VOITURE. »

Marie de Gonzague demeura longtemps sur son lit, immobile et pâmée, aussi glacée que Cinq-Mars au fond de son cercueil

www.ingramcontent.com/pod-product-compliance
Lightning Source LLC
LaVergne TN
LVHW010018230826
846092LV00002B/891
9782329628530